Vacina de sapo

e outras lembranças

Outras obras da autora

Anarquistas, graças a Deus
Um chapéu para viagem
Senhora dona do baile
Jardim de inverno
Pipistrelo das mil cores
O segredo da rua 18
Chão de meninos
Crônica de uma namorada
A casa do Rio Vermelho
Città di Roma
Jonas e a sereia
Códigos de família
Jorge Amado: um baiano romântico e sensual (com Paloma Amado e João Jorge Amado)
Memorial do amor

Zélia Gattai

Vacina de sapo

e outras lembranças

EDITORA RECORD
RIO DE JANEIRO • SÃO PAULO
2005

CIP-Brasil. Catalogação-na-fonte
Sindicato Nacional dos Editores de Livros, RJ.

Gattai, Zélia, 1916-
G235v Vacina de sapo e outras lembranças / Zélia Gattai. – Rio de Janeiro: Record, 2005.

ISBN 85-01-07389-X

1. Gattai, Zélia, 1916- . 2. Amado, Jorge, 1912-2002. 3. Escritores brasileiros – Século XX – Biografia. I. Título.

CDD – 928.699
05-2939 CDU – 929:821.134.3(81)

Direitos exclusivos desta edição reservados pela
DISTRIBUIDORA RECORD DE SERVIÇOS DE IMPRENSA S.A.
Rua Argentina 171 – Rio de Janeiro, RJ – 20921-380 – Tel.: 2585-2000

Impresso no Brasil

ISBN 85-01-07389-X

PEDIDOS PELO REEMBOLSO POSTAL
Caixa Postal 23.052
Rio de Janeiro, RJ – 20922-970

EDITORA AFILIADA

"Há mais mistérios entre o céu e a terra
do que sonha a nossa vã filosofia."

William Shakespeare

"As coisas boas duram o tempo necessário
para se tornarem inesquecíveis."

Charles Chaplin

Quando Tudo Começou

Ao chegarmos em casa, naquela noite de 1993, vindos de São Paulo após dois dias estafantes, percebi que Jorge não estava bem. Ele viajara calado, mas seu mutismo podia, muito bem, ser atribuído ao pavor às viagens de avião.

A estada na capital paulista fora curta, porém cansativa. Jorge assinara centenas de livros numa tarde de autógrafos, a que se seguiu um jantar em sua homenagem, quando estivera com amigos que havia muito não via, encontros de grande emoção.

À nossa chegada à Bahia, não havia ninguém em casa, apenas o papagaio, que, como de costume, desandou a falar ao ver o dono. Contrariando seus hábitos, Jorge não lhe estendeu o dedo, foi direto para o quarto. Encontrei-o, minutos depois, estirado na cama, gemendo.

Felizmente, em momentos de maior angústia, de maior aflição, eu não me entrego, vou em frente. Corri para o telefone, chamei o doutor Jadelson Andrade, amigo nosso, cardiologista competente, que veio, em seguida, e diagnosticou um enfarte.

Transportado para o Hospital Aliança, a dois passos de nossa casa, Jorge passou vários dias internado antes de receber alta. Voltou para casa com mil recomendações, uma das quais, a principal, a de não viajar tão cedo.

Tempos depois, quando tudo parecia ter voltado ao normal, Jorge recebeu um convite da Inglaterra; chamavam-no para um encontro com leitores e estudantes de uma universidade em Londres, onde ele deveria ler, em português, trechos de um dos seus livros, após a leitura em inglês.

Não adiantaram os conselhos para que não fizesse a viagem. Decidiu aceitar o convite. Jorge dizia sentir-se bem, o coração não o incomodara mais. A vista andava atrapalhada, só lhe permitindo ler com a ajuda de uma lupa. Achando tratar-se de vista cansada, coisa passageira, ele não se queixava. Ainda assim, consultou um oftalmologista em Salvador, que disse nada ter encontrado de anormal nos seus olhos, e só fez aumentar o grau das lentes dos óculos.

Partimos, Paloma conosco. Aproveitaríamos a ocasião para, de Londres, dar um saltinho à França, onde nos encontraríamos com João Jorge.

Londres

Num auditório lotado, realizava-se a cerimônia das leituras. Haviam-nos explicado que era um hábito muito apreciado pelos alunos de literatura ouvir a voz do autor lendo, na própria língua, trechos de seus romances.

O professor inglês acabara de ler, se não me falha a memória, um capítulo de *Capitães da areia*. Agora chegava a tão esperada vez de o ilustre visitante fazer a sua parte.

Abrindo o livro na página marcada, Jorge colocou os óculos de leitura e aproximou o livro dos olhos.

Paloma apertou meu braço e, angustiada, a meia-voz disse: "Ele não está conseguindo ler, mãe." Agoniada também, eu já notara o que se passava.

Fechando o livro, com o maior desembaraço, Jorge colocou-o na mesa, pousou a mão em cima e discorreu, num improviso brilhante, sobre o que havia sido lido, falando dos personagens, encantando a todos. Nem sei se alguém notou o que estava ocorrendo, sei apenas que Paloma e eu o ouvimos de coração apertado.

Paris

A ida a Paris tinha um motivo urgente. Nossa dermatologista, a doutora Tânia Couto, havia detectado um câncer de pele, que já estava profundo, no rosto de Jorge. Sugeriu que ele procurasse um cirurgião plástico, dada a extensão do tumor. Jorge procurou em seguida seu amigo Ivo Pitanguy, e, como ambos estavam de partida para Paris, combinaram fazer a intervenção lá. O famoso cirurgião iria à França para inaugurar uma clínica de cirurgia plástica, em Paris, cujo dono era ex-aluno seu. Feliz com a presença do mestre, o médico lhe abria as portas de sua clínica para operar o famoso escritor.

A operação foi um sucesso. Os médicos que a assistiram, aplaudiram de pé a aula do mestre brasileiro. Aplausos merecidos, a cirurgia perfeita não deixou cicatriz.

O problema da vista, que passara para um segundo plano, voltava à baila. Recomendado pelo embaixador do Brasil na França, nosso amigo Carlos Alberto Leite Barbosa, Jorge conseguiu marcar, no mesmo dia, uma consulta com um famoso oftalmologista, doutor Coscas, uma sumidade. Sem essa recomendação, ele não teria sido atendido imediatamente, pois horário vago havia somente para dali a três meses.

O mestre ouviu-o e, numa rápida espiada nos seus olhos diagnosticou: *degenerescência senil da mácula da retina.*

A clínica de doutor Coscas ficava longe, fora da cidade, lugar de difícil acesso para quem não possuísse automóvel, como era o nosso caso. Resolvemos o problema contratando os serviços de madame Christine Moulian, chofer de táxi que nos atendia sempre que preciso. Cobrava caro, porém, era eficiente. Com seu carro bem cuidado, essa mãe de família ganhava a vida. Simpática, forte, desembaraçada, era madame Christine quem estava sempre a postos à nossa espera no aeroporto ao chegarmos a Paris. Era ela também quem nos embarcava, carregando malas pesadas, com a maior desenvoltura. Agora, Jorge a contratara para nos levar uma vez por semana à clínica de doutor Coscas, onde eram feitos a revisão e o tratamento.

Nossa estada em Paris prolongou-se mais, muito mais do que programáramos. Os toques de laser, que lhe eram aplicados, serviam para — segundo entendi — cauterizar os minúsculos vasos sangüíneos rompidos junto à retina.

Logo na primeira consulta, o médico não perdeu tempo. Depois da rápida espiada nos olhos do paciente, pôs-se de pé e disse: "O caso é urgente. O senhor me acompanhe, por favor, a senhora também pode vir."

No gabinete escuro, havia apenas a claridade de forte lâmpada iluminando o rosto e, sobretudo, os olhos de Jorge. De meu canto, eu assistia ao desembaraço das mãos do mestre e a emoção em seu rosto ao manejar os instrumentos. Finalmente, disse: "Por hoje basta, estou satisfeito. Consegui dar dezenove toques". No meu fraco entender, cheguei à conclusão de que ele havia posto fora de combate dezenove vasos rompidos, dezenove inimigos.

A visão de Jorge melhorava bem. "Vai melhorar muito mais, vai conseguir em breve ler um romance que minha mulher acaba de escrever", disse um dia o médico, rindo.

Ficamos sabendo, então, que a esposa do doutor Coscas era romancista e grande admiradora de Jorge. Numa de nossas visitas, ela apareceu levando o livro que acabara de escrever. "Leia-o sem a ajuda da lupa, apenas com os óculos", recomendou o médico. "Esse é o teste que desejo fazer antes de liberar sua volta ao Brasil."

Jamais vi Jorge ler um livro com tamanha satisfação. Leu e depois o analisou com a autora. Aprovado com distinção.

Um Doutoramento na Itália

Devíamos regressar ao Brasil, mil problemas a serem resolvidos nos aguardavam em casa, mas o tratamento não podia ser interrompido. Doutor Coscas nos tranqüilizou: "O senhor pode voltar e continuar a supervisão lá". Indicou um colega no Brasil, em Goiânia, doutor Marcos Ávila, profissional competente, que poderia acompanhar o caso. Disse-nos também que tínhamos tempo até uma nova consulta, o que fez Jorge estender a permanência na Europa um pouco mais.

Já havia alguns anos, o título de doutor *honoris causa* pela Universidade de Pádova, na Itália, lhe tinha sido outorgado, mas as doenças impediam-no de ir recebê-lo. Agora chegara a hora: coração batendo direitinho, olhos e rosto operados. Com João Jorge, fomos por três dias à belíssima cidade onde está a cátedra de Galileu. Emocionados, vimos, na universidade, o púlpito de onde o grande mestre dera suas aulas.

As emoções foram muitas, o mundo acadêmico e os leitores aplaudindo o escritor, além das duas viagens de avião em menos de uma semana, nem sei como Jorge agüentou.

Ao chegar a Paris de volta, na mesma noite, Jorge começou a passar mal. Fora acometido de um edema pulmonar, e teve que ser internado por dez dias no hospital Broussais, em Paris. Jadelson foi ao nosso encontro para acompanhar seu amigo e paciente na viagem de volta.

Goiânia

A preocupação com a falta de visão não passara, o mal era incurável. Apenas a vigilância e o tratamento contínuo poderiam protelar o avanço da doença. Sempre que preciso, o laser deveria ser aplicado.

Ao regressarmos à Bahia, passamos a viajar para Goiânia periodicamente. A assistência do doutor Marcos era perfeita, mas as viagens aéreas, encompridadas ainda mais pelas escalas em Brasília, matavam Jorge de nervosismo (ele dizia ser medo mesmo), castigavam seu coração, o massacravam.

No correr dos anos, Jorge voltou a ser internado com problemas cardíacos, suas viagens a Goiânia diminuíram, diminuiu também sua visão. Só não diminuiu sua coragem, sua vontade de escrever a história que estava amadurecida em sua cabeça, já escrita uma vez em forma de conto. Sem a ajuda da lupa, já não conseguia ler nem escrever. Eu acompanhava de perto o seu desgosto, a sua revolta, a injustiça de estar privado das coisas que mais amava, primordiais para a sua existência.

Batalhador como ele só, o escritor não ia desistir de trabalhar na história que tanto o divertira inventar. Munido de óculos especiais, encomendados nos Estados Unidos pelo doutor Marcos, decidiu ir à máquina. Deu-se conta, em seguida, de que só esta novidade não era suficiente, precisava de toda a sua força de vontade. Debruçado sobre o teclado da máquina de escrever, foi trabalhando, trabalhando lentamente, mas com entusiasmo. Foi dando forma de livro ao conto que escrevera em 1979. Assim ele publicou, em 1997, *O milagre dos pássaros*, seu último livro.

Novo Doutoramento, Nova Doença

Um ano depois, em 1998, ainda sob pressão para que não viajasse, Jorge decidiu aceitar o convite que lhe era feito pela Universidade de Paris, Sorbonne Nouvelle, para receber o título de doutor *Honoris causa* que lhe seria outorgado. Não houve quem o demovesse da idéia: Jorge bateu o pé e fomos.

Viajamos para a França, onde, além do título recebido em imponente e emocionante cerimônia, ele participou da Feira do Livro de Paris, naquele ano dedicada ao Brasil. Recebeu homenagens de não acabar e participou de vários encontros com seus leitores.

Ao chegarmos a nosso apartamento no Marais, no dia da cerimônia da Sorbonne, Paloma recebeu um telefonema, do Brasil, de um jornalista baiano querendo confirmar o boato de que Jorge havia morrido.

— Quem foi que inventou uma coisa dessas? Meu pai está aqui e bem vivo!

— É o que estão dizendo — insistia o rapaz, parecendo não acreditar na negativa de Paloma.

A seu lado, ouvindo aquela conversa de *morreu, não morreu*, Jorge perdeu a paciência, pegou o telefone e disse rindo:

— Eu não morri, não, meu filho, estou bem vivo, e comendo melão!

Com a volta para o Brasil dos escritores e amigos que tinham ido à Feira do Livro e à cerimônia de doutoramento, ficamos em Paris mais uns dias, Jorge, Paloma e eu.

Depois de tanta agitação, veio a depressão, Jorge voltou ao mutismo e começou a passar mal. Em contato telefônico com Jadelson, ele achou conveniente seu retorno imediato ao Brasil. Pela primeira vez na vida vi Jorge de cadeira de rodas, a única forma de vencer as distâncias no Aeroporto Charles de Gaulle. A viagem foi difícil, mas, ao chegar à Bahia e ver uma cadeira de rodas a sua espera, Jorge se recusou terminantemente a usá-la: "Quero chegar andando com meus pés."

O coração de Jorge voltava a reclamar. Novas internações, novas intervenções. Cada vez mais frágil, cada vez mais sensível ao tratamento da vista, seu coração protestava a cada viagem, a cada toque de *laser*. Dando prioridade à vida, Jorge deixou de ir a Goiânia.

Uma tristeza infinita, cada vez maior, levava-o ao mutismo.

Ao vê-lo nesse estado, sentia-me impotente, sem saber como distraí-lo, sacudi-lo, trazê-lo novamente à alegria de viver.

A Frase de Shakespeare

Estava eu na maior angústia, diante de problema tão grave, constatando que nem a ciência nem ninguém conseguia dar jeito na saúde de meu querido, quando uma frase de Shakespeare caiu sob meus olhos: "Há mais mistérios entre o céu e a terra do que sonha a nossa vã filosofia."

Entre o Céu e a Terra

Desde criança me ensinaram a não acreditar no sobrenatural. Foram muitas as lições que recebi, mas será que adiantaram alguma coisa? Será que aprendi? Tenho minhas dúvidas. Surpreendo-me às vezes buscando, tentando desvendar, por conta própria, mistérios divinos que, talvez sim, talvez não, existam entre o céu e a terra.

Modelo de bondade e correção, meu pai fazia o bem sem esperar recompensa. "Se há um Deus que, segundo dizem, tudo sabe, tudo vê e tudo pode, esse Deus não há de gostar de gente interesseira que vive rezando e fazendo promessas à espera de recompensas." Dava um exemplo: "Eu faço isso se você me der aquilo, coisa mais feia", dizia. Até mamãe, que veio de família católica praticante, acabou acompanhando o marido nas suas idéias, rezando pela mesma cartilha.

Vovô Eugênio, depois da morte de vovó Josefina, passara a viver em nossa casa. Tranqüilo, bom, inteligente, observador, ele chegara à conclusão de que católicos e anarquistas eram parecidos, embora completamente diferentes. "Parecidos", explicava, "por que ambos trazem bondade no coração. Ambos querem o bem da humanidade, mas usam métodos diferentes para conseguir o que desejam: os anarquistas vão à luta e os católicos se pegam com Deus, rezando, fazendo promessas. São iguais, apenas a maneira de agir é diferente."

Ai que saudades de *nono* Genio! Volto a rir ao recordar-me de suas blasfêmias camufladas — camufladas para não ofender a Deus — ao se alterar diante de minhas diabruras de criança. Lembro que me encantava a sua caixinha de rapé, de osso. Ainda mais a valorizara ao saber por minhas irmãs que o nome verdadeiro da tabaqueira era boceta, palavra proibida lá em casa, que elas repetiam a meia-voz para que mamãe não ouvisse. "Até no dicionário está escrito pra quem quiser tirar a limpo", diziam as duas malandras.

Muitas vezes eu aproveitava o soninho de vovô, largado na cadeira de balanço, depois do almoço, para, sorrateiramente, apanhar a caixinha de cima da mesa, abri-la, levar uma pitada do tabaco às narinas e sair pela casa, espirrando.

Sono leve, vovô despertou, certa vez, com o barulho da tabaqueira que escapulira de minha mão e fora abrir-se ao chão, espalhando o rapé por toda parte.

"*Sacranon de la medaglia! Orpo de bio!*", esbravejava — em sua língua, o vêneto — vovô na sua blasfêmia camuflada, desabafando sua ira contra o *sagrado nome da medalha* e contra o *corpo de Deus*. Vovô era esperto: trocava a palavra *corpo* por *orpo* e, assim, não estaria pecando. Minhas irmãs riam às gargalhadas: "Foi pegar a boceta do *nono*..."

Naqueles tempos de menina, quando não havia rádio nem televisão, o divertimento das crianças era ouvir histórias e decorar poesias para declamá-las em saraus familiares ou em festas maiores.

Fazia parte de nossa educação — dos filhos de dona Angelina e de seu Ernesto — ouvir óperas italianas interpretadas por Enrico Caruso, da coleção de discos de papai, tocados num gramofone de tromba e manivela; assistir a conferências, políticas e culturais, e participar de festas proletárias comemorativas, como a do Primeiro de Maío.

Lá se vão mais de oitenta anos e eu ainda me lembro, como se fosse hoje, do verso que mamãe me fez decorar, segundo ela, ótimo para ensinar o bom caminho e tirar bobagens da cabeça das crianças. Eu o declamava em saraus familiares e também nos palcos do salão das Classes Laboriosas. Sucesso garantido, eu era sempre muito aplaudida, pois nossos amigos e freqüentadores das reuniões pensavam da mesma forma que papai. O verso, um diálogo entre mãe e filho, era declamado com ênfase e largos gestos pela caçula de dona Angelina, que se babava toda ao ouvir sua menina caprichando ao imitar as vozes da mãe e do filho:

— Ó mãe! Quando todos dormem,
em sono profundo,
é mesmo que almas do outro mundo
aos meninos aparecem?
— Não creias nisso, meu filho,
fantasmas são invenções
para dar medo aos poltrões.
Não houve ninguém que as visse.
Não há gigantes nem fadas,
nem gênios perseguidores,
nem monstros aterradores,
nem princesas encantadas.
Aqueles que já morreram
não voltam à terra mais
pois vão descansar em paz
do que na vida sofreram.
Dorme com tranqüilidade.
Nada receia, meu filho,
quem não se afasta do trilho
da justiça e da verdade.

Nunca soube o nome do autor desses versos que guardei na mente e no coração. Possivelmente, eles me ajudaram a não temer fantasmas e a procurar, sempre que possível, não me afastar *do trilho da justiça e da verdade.*

Reminiscências

Costumo contar, e não me canso de repetir, que ao conhecer Jorge Amado pessoalmente, em 1945, eu tudo sabia dele. Lera e adorara os dez livros que ele escrevera até então; entusiasmavam-me suas idéias políticas, sabia de seus exílios. Só não sabia que ele era tataraneto de uma índia pataxó.

Certa noite, numa reunião de amigos no apartamento que ele alugara e onde vivia em São Paulo, na praça Júlio de Mesquita, ao lado da São João, o tema da conversa, muito ao gosto do dono da casa, girava em torno de miscigenação. Entre outros amigos, lá estavam Dorival Caymmi — na ocasião seu hóspede —, Di Cavalcanti, Clovis Graciano, Paulo Mendes de Almeida com Aparecida.

— Por exemplo — dizia Jorge —, a começar por mim, nenhum de nós aqui é branco puro, todos nós temos mistura de raças. O sangue branco que eu trago vem do português que caçou na mata minha tataravó, uma índia pataxó. O sangue negro é do avô de meu pai, um negro africano.

Todo mundo caiu na risada ao ouvir a revelação de Jorge sobre a existência de uma tataravó índia e de um bisavô africano.

Para dizer a verdade, por mais apaixonada que eu estivesse por ele, não consegui acreditar nessa declaração. Achei que era uma invenção criada na hora para causar impacto. Nunca ouvira falar que Jorge tivesse sangue indígena e para mim ele era tão branco quanto eu. Entrei na conversa:

— Pois eu — respondi — só tenho sangue branco. Meus pais são italianos puros.

Jorge soltou uma gargalhada:

— Pois é o que você pensa! E Otelo? Você não sabia que é descendente de Otelo?

Esse Jorge inventava cada uma!

— Eu tenho parentesco com Otelo assim como você é tataraneto de uma índia pataxó — respondi, na maior gozação.

— Você não acredita que eu tenha sangue índio? Pois vai acreditar um dia quando conhecer minha mãe. Ela não tem apenas traços indígenas como também cabelos lisos, escorridos como os dos índios. Quanto a você, de seu parentesco com o negro Otelo, nunca vai se livrar...

Cantada em Poema

Um clima de encanto existia entre Jorge e eu desde o primeiro encontro, porém, nenhuma manifestação concreta ainda acontecera. Ele apenas declarava seu amor através de crônicas diárias, na coluna "Conversa Matutina" que escrevia para um jornal de São Paulo. "Leu a de hoje?", perguntava-me, encabulado, como se um adolescente fosse. Afirmando com a cabeça que sim, também voltava à adolescência, e ficava nisso.

Uma dessas crônicas, verdadeiro poema de amor, quase me mata:

Eu te darei um pente
para te pentear
Colar para teus ombros enfeitar
Rede para te embalar
O céu e o mar eu vou te dar...

O Primeiro Beijo

Foi naquela noite, a da reunião de amigos no apartamento de Jorge, com a revelação do sangue pataxó correndo em suas veias, que aconteceu nosso primeiro beijo.

Em certo momento, ele me pediu que o ajudasse a servir os convidados. Fui à cozinha buscar uns copos. Estava eu acabando de ajeitar os copos na bandeja, quando Jorge apareceu. "Vim buscar os vinhos", disse. Ambos de mãos ocupadas, voltávamos à sala, Jorge com uma garrafa em cada mão, eu segurando a bandeja, equilibrando os copos. Ao passarmos por uma porta, juntos um ao outro, paramos, de repente, sem saber por que, e nos fitamos. Nem a barreira de copos entre nós dois impediu que nossas bocas se aproximassem. Sem braços para abraçar, sem mãos para acariciar nem voz para sussurrar, apenas os lábios livres, sequiosos, se uniram num beijo delicado e ardente, de labareda e brasa.

Um contido tesão rolando entre nós dois desde o início, escravizado, reprimido a duras penas, rompeu as amarras, conquistou a alforria. Nessa noite não voltei para minha casa. Nem nessa noite, nem nunca mais. Ao lado de Jorge ficaria para sempre, até o fim de minha vida.

Mudança para o Rio de Janeiro

Estávamos de viagem marcada para o Rio de Janeiro. Jorge acabara de ser eleito deputado federal pelo estado de São Paulo e o parlamento funcionava no Rio. Devíamos partir bem antes de sua posse, para assistir à formatura de Joelson, seu irmão, que vinha de terminar o curso de medicina.

Ao desembarcarmos no Aeroporto Santos Dumont, avistamos, ao longe, um grupo de amigos à nossa espera. Jorge procurava localizar os pais em meio àquela gente.

— Lá está meu pai ao lado de Joelson, mas não vejo minha mãe — disse ele, prosseguindo na busca.

Jorge havia me garantido que a mãe tinha os cabelos lisos, escorridos como os dos índios, e, realmente, não havia ali nenhuma mulher com tal característica. Mesmo assim, arrisquei:

— Não será aquela, de cabelos encaracolados ao lado de teu pai?

— Minha mãe, coisa nenhuma! Você não vê que essa tem cabelos crespos?

Fomos nos aproximando e a senhora ao lado de seu João deu uns passos à frente, vinha abraçar Jorge. Eu não me enganara, era a própria dona Eulália, a famosa Lalu, que ria feliz ao beijar o filho.

— O que aconteceu com os seus cabelos, minha mãe? — perguntou-lhe Jorge, sem acreditar no que via.

— Fiz permanente, meu filho. Preciso estar decente na festa de formatura de Joquinha. Ficou uma pinóia.

— Você está sempre bem — respondeu-lhe o filho, sorrindo e acariciando o rosto da mãe.

Virando-se para mim, fez a devida apresentação:

— Esta é Zélia, minha mãe, minha namorada. Se ela se comportar direitinho comigo, cuidar bem de mim, eu me caso com ela — sorriu o maroto.

Séria, dona Eulália mediu-me dos pés à cabeça. Mesmo de cabelos crespos, ela assumia a anunciada cara de índia. Já nem seria preciso tirar a limpo a afirmação do filho sobre sua ascendência indígena. Não seria preciso, mas mesmo assim fiquei sabendo da história com detalhes, contada por Lalu, ao estarmos a sós, um dia.

— Ela era uma indiazinha de onze pra doze anos — foi falando a bisneta, o olhar distante — ao ser caçada no mato, a dente de cachorro. O caçador, um português, gostou da menina, levou ela pra casa dele e encheu ela de filhos, um deles meu avô. — Creio que nem Jorge nem Lalu sabiam o nome da *indiazinha pataxó*, pois nunca o mencionaram.

O que dona Eulália não me contou foi que a pequena índia, casada ou juntada com o português que conquistara terras de não acabar, rico fazendeiro de cacau, se tornara uma temida senhora de escravos. Ela tampouco me contou que essa poderosa mulher castigava os negros sem dó nem piedade. Mandava amarrá-los ao tronco e açoitá-los, sobretudo quando se tratava de escrava jovem e bonita. O português, que a caçara — *a dente de cachorro* —, apesar da idade avançada, não perdera o prazer ou vício de, vez ou outra, derrubar no mato uma escravazinha de seu agrado.

Movida pelo ciúme ou talvez, quem sabe, por pura ruindade, a poderosa índia mandara um dia amarrar ao tronco e surrar uma jovem escrava. A negra não esqueceu o castigo e, na primeira oportunidade, vibrou com gosto a mão do pilão na cabeça da malvada, matando-a e atirando-a em seguida escada abaixo. Essa história me foi revelada, recentemente, por uma pessoa da família de Lalu, ela também descendente da índia. Nem Lalu, nem Jorge nunca mencionaram o fato e, estou certa, o ignoravam. Jamais souberam do triste fim daquela que lhes emprestara um pouco do sangue que corria em suas veias.

Novas Estrofes de Amor

Três anos mais tarde, em Paris, Jorge fez novas estrofes para o poema que me dedicara em 1945 na sua coluna "Conversa Matutina". O maestro Cláudio Santoro a musicou e orquestrou.

Jorge aguardava minha chegada à Europa, onde eu iria ao seu encontro, no exílio. Ele partira do Brasil no mês de janeiro e eu não pudera acompanhá-lo. Nosso filho, João Jorge, nascera em fins de novembro, e eu não tivera condições de aventurar-me, saindo por esse mundo de Deus, sem pouso certo, para uma Europa meio destruída pela guerra, com uma criança recém-nascida nos braços. Fiquei com o coronel João Amado e Lalu, no apartamento deles, em Copacabana, aguardando que Jorge decidisse onde morar, acertasse sua vida e me chamasse. Creio terem sido esses os meses mais tristes de minha vida.

Finalmente, depois de ver frustrada sua idéia de viver na Itália, Jorge decidira morar em Paris, onde acabara de sair a tradução de *Seara vermelha* por uma editora francesa.

Os amigos da convivência de Jorge em Paris eram: Carlos Scliar, Arnaldo Estrela, Mariucia Jacovino, com suas duas meninas, Maria Helena Vieira da Silva, Alberto Castiel, Paulo Rodrigues, Israel Pedrosa com Jamile. Nessa ocasião, Jorge conheceu o maestro Cláudio Santoro, que lá vivia com a família.

Foi Cláudio, como já disse, quem musicou o poema que Jorge me dedicara, agora com uma alteração, o acréscimo de outros versos:

Outra coisa já não sei fazer
Onde quer que te encontres, ai
Meu distante pensamento
Terno carinho meu
Hei de sempre te amar.

Venha, que a noite é longa
Triste da tua ausência
Meu infinito amor...

Com essa canção Jorge me surpreendeu no mês de maio, ao chegarmos a Paris, saídos da Itália, onde ele fora me esperar.

Vacina de Baba de Sapo

Até aquele dia em que minha neta Mary Jones e seu marido Nando chegaram com a novidade, eu nunca tinha ouvido falar em sapo Kampu.

Na maior animação, Maria João, ou Mary Jones (apelido que lhe deu o avô Jorge num momento de inspiração), foi contando:

— Está chegando à Bahia, vó, um índio do Amazonas ou do Acre, não sei bem, trazendo vacinas de baba de sapo. Parece que são formidáveis, curam qualquer doença.

Lembrei de repente que Jorge era descendente de índios e me animei.

— É pataxó?

— Não é, não, vó, os pataxós são do Sul da Bahia, lá de Cabrália, Porto Seguro, por lá — respondeu-me a entendida.

Quis mais detalhes sobre as tais vacinas de baba de sapo. Diante de minha curiosidade, Nando apressou-se a explicar:

— Foi mestre Jair quem nos deu a dica. Ele já tomou uma dose e vai tomar a segunda.

Freqüentadores da chácara onde funciona a União do Vegetal, nos arredores da cidade, Mary Jones e

Nando se tocam para lá sempre que podem, em busca de sossego. Nesse recanto aprazível, eles tomam um chá do cipó *mariri* e folhas de *chacrona*, segundo os dois, santo remédio para recuperar as forças perdidas numa semana de pesado trabalho. Nessa chácara passam eles horas esquecidas ouvindo mestre Jair e mestre Pequenina, sua velha mãe, contar histórias da floresta e dos índios — como eles — do Amazonas.

É mestre Jair quem comanda a União do Vegetal. Além de grande conhecedor dos mistérios da mata virgem, de sua fauna e de seus índios, é um pintor de mão cheia. Seus quadros, de uma delicada e forte pintura primitiva, já correram o Brasil e o mundo em exposições de sucesso.

Agora os jovens vinham com a novidade da vacina de baba de sapo, história que me impressionou e interessou bastante.

Curiosa como eu só, em assuntos de tratamentos e curas por meios extra-oficiais e sobrenaturais, quis saber detalhes sobre a tal pajelança vinda da floresta selvagem, trazida por um índio.

— Segundo o mestre, vó, esse sapo existe em várias partes do Amazonas e também do Acre, só que, em cada lugar, ele tem um nome diferente como, por exemplo: kambô, no Acre, kempo e kampu no Amazonas.

Com nomes tão fortes, eu imaginei tratar-se de sapões pardos com o poder de verter pela boca golfadas da milagrosa baba que tudo cura, mesmo que a doença não tenha dado ainda o ar de sua graça.

Nessa ocasião, eu andava em busca de algo que pudesse realizar o milagre de recuperar a saúde de Jorge. Recorrêramos a tudo: os médicos o submetiam a exames os mais sofisticados, sem resultados positivos. Até a um cientista português, que vivia nos Estados Unidos, recorremos. Doutor Damásio aparecera num programa de televisão e seus pacientes, curados por ele, indicavam ter tido o mesmo problema que Jorge. Depois de vários dias de angústia à espera de notícias do médico, a quem fora enviado um relatório completo, veio a resposta. Infelizmente, o problema do escritor não era de sua alçada. Nada poderia fazer.

Agora, diante da novidade anunciada pelos netos, me animei. Isso não quer dizer que minha intenção era a de sujeitar Jorge a essa experiência, de fazê-lo bancar cobaia da tal vacina. Deus me livre e guarde! Nada disso! Longe de mim tal pensamento! Eu seria apenas a *provadora do rei*. Tomaria a vacina, quantas fossem necessárias, e, conforme o resultado, se eu continuasse viva, saltitante e bela, consultaria o doutor Jadelson

Andrade, médico-assistente dele, estando eu ali como exemplo da eficiência da pajelança preventiva.

Para justificar minha coragem — ou irresponsabilidade? —, repeti a frase, atribuída a Shakespeare, que me absolvia: "Há mais mistérios entre o céu e a terra do que sonha a nossa vã filosofia."

Ao saber que o sapo kampu não era enorme nem pardo, e sim pequeno e verdinho, e que sua baba milagrosa não provinha da boca, mas de uma secreção gerada nas costas do bichinho, meu interesse aumentou. Nando era o mais informado:

— Pelo que se sabe, dona Zélia, essa espécie de sapo se alimenta sobretudo de formigas, mas não é de qualquer formiga que ele gosta, não. Dizem que as preferidas dele são as *tucandeiras*, loiras e graúdas. Essas formigas, segundo consta, talvez com medo da gula dos sapinhos, sobem em árvores bem altas e vão morrer lá em cima, no entroncamento de seus galhos. Dizem ainda — explicou Nando — que é em meio a essas formigas mortas que germina e cresce o cipó *titica*, único cipó que nasce de cima para baixo.

Nada entendia eu de cipós, mas diante da ênfase dada por Nando ao revelar que o *titica* nascia de cima para baixo, mostrei admiração, não ia passar por ignorante:

— Que coisa, hem! De cima para baixo?

— É isso mesmo, dona Zélia, de cima para baixo e não de baixo para cima, o normal, como a senhora sabe.

Mary Jones também tinha o que dizer sobre o raro cipó:

— O *titica*, minha avó, tem qualidades antibióticas, talvez por ter sido gerado dos cadáveres de *tucandeiras*. Ele é cortado em pedaços pelos índios, que o utilizam como instrumento perfeito na aplicação da vacina, a pontinha fina servindo como agulha. Nunca houve, que se saiba, casos de infecção.

Nem os mistérios do cipó *titica*, nascendo de cima para baixo, de sua ação antibiótica e de sua utilidade na aplicação da vacina afastavam de meu pensamento o sapinho verde e as tais formigas loiras que ele papava com prazer.

— Sapinho caprichoso — monologuei —, preferir formigas loiras! Vocês não estão inventando essa história, não? Eu nunca vi em minha vida formiga loira, nem sabia que existia.

— Eu também nunca vi e me admirei — disse Mary Jones —, mas o mestre explicou que a cor loira delas dá assim para o avermelhado.

Nando, mais impressionado com o *titica* do que com as formigas loiras, voltava ao seu assunto preferido:

— Aí, então, a pontinha do cipó é queimada na chama...

— Que pontinha, Fernando? — interrompi-o. — Por favor, cipó tem pontinha?

Nando riu meio sem jeito:

— Me desculpe, não expliquei direito. A pontinha no cipó é feita pelo índio com um canivete. Na hora de aplicar a vacina, ela é queimada na chama. A brasinha, então, é encostada na panturrilha ou no braço do freguês, três, cinco ou sete vezes — só pode ser número ímpar —, de acordo com a necessidade. Sobre essas queimadurazinhas então é passada a tal baba do sapo. Tudo muito simples.

Diante de tanta simplicidade, resolvi, definitivamente, embarcar na aventura.

O encontro com o portador das vacinas ficou marcado. Seria daí a uma semana, na própria residência de mestre Jair, onde ele vive com a família, numa casa de condomínio no centro de um terreno.

Logo pela manhã, com meus netos e mais um casal, pessoas que eu não conhecia, aguardamos a chegada do *doutor*.

Enquanto esperávamos, fiquei sabendo um bocado de coisas por meus companheiros. A vacina que tomaríamos naquela manhã seria a segunda dose deles.

A senhora, cujo nome esqueci, era entusiasta do tratamento. O marido mantivera-se calado, apenas acenava com a cabeça, concordando com o que ela dizia.

— A primeira dose — explicava ela — serve para desintoxicar o organismo, botando pra fora tudo o que a gente tem de ruim e às vezes nem sabe. Pois olhe, alguns dias depois da aplicação, comecei a sentir o resultado, passei a dormir bem, um sono tranqüilo. Até a enxaqueca que vinha me atormentando, havia anos, desapareceu completamente. Já se passaram três meses e continuamos bem.

Se eu encontrasse Edilário na rua, não o tomaria por um índio. Embora com traços acentuados de indígena, ele passaria por qualquer homem da cidade, de calça *jeans* e camiseta de malha.

Discreto e de pouca conversa, Edilário foi retirando da sacola que trazia seu material de trabalho. Desse homem consegui arrancar — e satisfazer apenas uma curiosidade — um detalhe que meus netos não tinham sabido explicar.

— A senhora quer saber como retiramos a baba das costas do sapo? Fácil. Basta raspar um pouquinho que ela vai minando.

— E de um sapo tão pequeno podem extrair tanta secreção? — continuei insistindo, curiosa.

— Isso mesmo. Um pouquinho de cada um — sorriu o índio enquanto preparava o material numa bandeja. — Tem homens lá na floresta que chegam a esfregar as costas do sapo no lugar que está doendo. Pra dor de cabeça não tem remédio melhor.

Certamente por ver minha cara horrorizada, ele sorriu:

— Não se trata bem de um sapo, ele não é um sapo comum — disse —, mais parece uma rãzinha linda, nem saltar ele salta, só anda como se desse delicadas braçadas.

Curiosa por conhecer outros detalhes do kampu, descobri, dias depois, numa enciclopédia, seu nome científico: *Phyllomedusa bicolor*.

Ao saber da beleza e da delicadeza dos Kampus, ocorreu-me uma idéia, e no calor do entusiasmo perguntei:

— Não seria possível o senhor conseguir para mim um ou dois casais deles? Eu os criaria em meu jardim, como animais de estimação. Meu marido adora sapos e eu adoraria dar-lhe essa alegria. O senhor podia até me conseguir, para o alimento deles, um punhado de formigas *tucandeiras*, que iriam se reproduzindo. Eu preveniria Zuca que não as matasse. O senhor sabe? Zuca mata cupins e formigas em nosso jardim há mais de trinta anos. Essas formigas loiras, diferentes das moreninhas baianas, seriam com facilidade distinguidas e nosso Zuca as pouparia, certamente. Árvores altas é o que não falta em nosso pomar, árvores boas para elas subirem e, cansadas, tombarem mortas, lá em cima, num entroncamento de seus galhos. Até o cipó *titica* poderia brotar no alto de um sapotizeiro, de uma mangueira ou de uma jaqueira lá de casa.

— Impossível — retrucou o índio, lacônico, encerrando o assunto.

Na noite que antecedera a manhã da experiência, eu dormira mal e, quando a gente passa horas a fio sem conseguir conciliar o sono, acordada na escuridão da noite até o clarear da madrugada, mil pensamentos, os mais estapafúrdios, nos ocorrem. Dessa vez cheguei até a pensar: e se eu for alérgica ao veneno do sapo? Veneno? Que veneno? Quem falou em veneno?... Já estava eu inventando coisas! E se não fosse propriamente um veneno, mas me fizesse inchar até ficar com cara de sapo?

Pela manhã, instintivamente, coloquei um espelho em minha bolsa, certamente para controlar a deformação se produzindo. Acabei achando graça de minha maluquice, mas o espelho continuou na bolsa.

Antes de aplicar as vacinas, Edilário quis certificar-se de que todos estavam em jejum porque, explicou ele, "tudo deve ser feito muito certinho para dar bom resultado. Essa vacina é na prática talvez a mais alta descoberta da medicina tradicional ainda viva. Além de saúde ela dá sorte, felicidade e ajuda no amor...", fez uma pausa, "também ajuda muito na caça".

Quanto ao amor, eu não tinha do que me queixar, estava bem servida e era feliz. Quanto à caça, ora! Que tinha eu a ver com caçadas? Jamais cacei em minha vida. Deus me livre, matar animais! Era atrás de saúde que eu andava e não esperava conquistar "sorte nem felicidade" com uma vacina de baba de sapo. Não, isso não entrava em minha cabeça nem em minhas cogitações. Não podia acreditar em tantos poderes transmitidos por uma simples perereca.

Mestre Jair foi o primeiro a ser atendido. A aplicação era feita na cozinha, junto às chamas dos bicos de um fogão a gás. Eu fui a segunda.

— Prefere no braço ou na perna? — perguntou-me.

— Na perna mesmo — respondi. Sabia lá se não iam ficar cicatrizes...

De pé eu assistia às manobras. Lá estava o cipó *titica* com sua ponta afiada. Agora ele a colocava sobre a chama, que, em seguida, a transformava numa pequena brasa. Foi essa brasa que ele encostou em minha perna. Senti uma dor aguda e um cheirinho de carne assada. Fiquei firme, não me movi, nem gemi, heróica. Lá vinha a segunda brasinha, depois a terceira, depois a quarta e a quinta... Todas aplicadas em sentido vertical, com um pequeno espaço entre uma e outra, formaram uma linha de pequenas chagas.

— Agora basta — disse ele.

Apanhando uma lâmina feita com o *titica* — que, a princípio pensei tratar-se do pauzinho de um picolé —, untou-a com uma gosma gelatinosa que retirou de um frasco e, toma lá, foi passando sobre os cinco furinhos queimados. Efeito fulminante! Em seguida comecei a sentir uma ligeira náusea, uma tontura...

— Pode sair, vá sentar lá fora.

Sentada num banco em meio a arbustos do terreno, assistia à chegada de um a um dos quatro companheiros que, aflitos e pálidos, procuravam um lugar em meio à vegetação, onde pudessem botar para fora o que nem tinham comido. Felizmente, a minha náusea não foi avante. Continuei atordoada por um bom momento, até que me serviram um café forte e quentinho.

A não ser aquele pequeno mal-estar do início, tudo correu bem depois, muito bem mesmo, pois passei a dormir melhor, não tive mais insônias nem maus pensamentos, fiquei até mais otimista em relação à saúde de Jorge. Só me frustrou não ter conseguido os sapinhos nem as formigas. Perdia uma boa oportunidade de fazer um teste com Jorge, vê-lo, quem sabe, despertar do mutismo em que se enclausurara e voltar a rir diante dos kampuzinhos. Ele tornaria a rir, certamente, se pensasse na cara de Carybé, se Carybé ainda fosse vivo, ao ver em nossa casa aqueles sapinhos tão graciosos e lindos, ele que nunca conseguira ter sapos em sua casa.

A coisa que mais divertia os dois amigos era a disputa pelas vantagens mais inocentes conseguidas por um ou pelo outro. Carybé aparecia em casa trazendo goiabas:

— São de meu quintal, compadre. O compadre não plantou goiabeiras? Que pena! Um dia destes vou trazer também tangerinas, me parece que o compadre não tem pés de tangerinas aqui no Rio Vermelho e as tangerinas lá de casa já estão quase maduras.

Jorge não ficava atrás, na primeira oportunidade ia à forra.

Certa noite de temporal, apareceu em nossa porta, vindo de um laguinho do jardim, um imenso sapo-cururu. Ao deparar-se com o animal que coaxava, a primeira coisa que ocorreu a Jorge foi fazer figa a Carybé e, sem perda de tempo, correu ao telefone:

— Compadre, você já viu sapo-cururu? Não? Nunca viu? Pois, se quiser ver, não perca a ocasião. Tenho um aqui na sala, me visitando.

Enfrentando temporal, raios e trovões, Carybé despencou-se de sua casa em Brotas e não tardou a aparecer. Vontade de ver o tal cururu, ou querendo saber se o compadre não estava mentindo? Não sei. Apenas recordo que naquela noite os dois amigos, dois grandes homens, de cócoras, se divertiram à grande, coçando a barriga do sapo, que inchava, fazendo-os rir como duas crianças.

Ao ver que Jorge andava com problemas na vista e no coração, quase não rindo mais, Carybé passou a visitá-lo diariamente, tentando trazê-lo à vida, tentando fazê-lo sorrir ao menos. Foi o caso daquela manhã, ao aparecer trazendo uma enorme jaca: "Uma frutinha de meu pomar, compadre!". Dias depois, quando menos se esperava, o coração de Carybé parou de bater.

Segunda Dose

Agora eu devia aguardar pela segunda dose da vacina. Mais íntima de mestre Edilário, voltaria a pedir-lhe, a insistir, e talvez conseguisse que ele me arranjasse um casalzinho de kampus.

Passados os três meses, Mary Jones e Nando vieram me avisar que chegara a hora de tomar a segunda dose da vacina.

— Desta vez, vó, se você quiser, ele vem aqui na sua casa e nós podemos tomar a vacina com você. Mais prático.

Concordei, marquei a vinda do índio para a manhã de uma quinta-feira, daí a três dias, às nove horas. Na véspera, quarta-feira, recebi um telefonema de São Paulo, da Rádio Jovem Pan. Convidavam-me a participar do programa da manhã seguinte. Neguei a princípio, lembrando meu compromisso com Edilário, aqui em casa. O rapaz da rádio, já meu conhecido de outras vezes que participara de seus programas, insistiu:

— Amanhã é dia do escritor e a senhora e seu Jorge não podem faltar a essa transmissão.

Jorge não poderia participar, de jeito nenhum, continuava apático. Eu não via jeito de escapar dessa prebenda. Fiz meus cálculos: tomo a vacina rapidamente, descanso um pouco e depois falo.

O programa iria ao ar às nove horas e quinze minutos e a vacina estava marcada para as nove em ponto. Antes do combinado, Edilário já teria chegado, me atenderia em seguida e tudo daria certo.

Nando e Jones apareceram logo cedo e só então fiquei sabendo que dessa vez Edilário seria substituído por outra pessoa. Quem sabe, pensei animada, este seja mais acessível e eu consiga os sapinhos.

Enquanto aguardávamos que o novo índio chegasse, tratei de colocar sobre a mesa da sala, onde se desenvolveria a *operação vacina*, uma jarra d'água e uma garrafa térmica com café. Tomaria o café em seguida à pajelança, a fim de ter forças e lucidez para enfrentar a entrevista que, como de hábito, era levada ao ar em transmissão direta.

Nando e Mary Jones riam ao contar que um vizinho de condomínio de mestre Jair, quando da primeira vacina, a tudo assistira de sua janela e depois comentara: "Eu sabia que o senhor, mestre, não bebe, mas, as suas visitas caem no porre logo cedo...".

Aflita, eu controlava o horário quando o índio chegou. Nove horas em ponto. Esse também poderia ser confundido com qualquer cidadão da cidade.

Sobre a toalha branca que eu colocara na mesa, tudo estava preparado: bandeja, algodão e o que mais? Um isqueiro, já que não tínhamos na sala a chama de um bico de gás.

— Quem vai ser o primeiro?

Olhei para o relógio, passava um pouco das nove. Adiantei-me, encostei-me na mesa, de pé, ao lado do novo mestre.

Isqueiro aceso, a pontinha do *titica* foi queimada, a primeira brasinha cumpria sua missão, depois a segunda, a terceira, a quarta e a quinta. O índio besuntava o estilete com a baba do sapo quando o telefone tocou. Eram apenas nove horas e dez minutos. Uma voz conhecida me saudava:

— Bom dia, escritora Zélia Gattai! Seja bem-vinda ao nosso programa!

Em seguida, o locutor dirigiu-se, com grande ênfase, ao "povo de São Paulo!", apresentando-me aos "caros ouvintes" com um longo discurso, elogioso, interminável. Enquanto isso, fui sentindo em minha perna, sobre as queimaduras, o friozinho da baba gelatinosa e, logo depois, o efeito fulminante.

A náusea e a tontura tomavam conta de mim, e eu, sem poder reagir, ouvia a voz do locutor, cada fez mais eufórico, não me dando a palavra, falando sem parar, cada vez mais distante, anunciando produtos, talvez esperando que desse nove e quinze em ponto para levar a minha voz ao ar. Eu já não estava agüentando. Finalmente, num tom de arauto do rei comunicando a chegada do soberano, ele me anunciou: "E agora, com vocês..."

Eu já não estava nem ali. Recordo vagamente que ainda pronunciei algumas poucas frases. O que eu falei e o que aconteceu em seguida contaram-me mais tarde. Eu dissera coisas que, em sã consciência, não diria, como: "Meu povo de São Paulo! Para finalizar esta entrevista", entrevista que ainda nem havia começado, "quero dedicar este dia a Jorge Amado, que, além de um grande escritor, é um grande homem." E nenhuma palavra mais, pois caí desmaiada.

Ângela, minha empregada, que a uma certa distância a tudo assistia calada desde o início, ao ver-me cair, pálida, pôs-se a gritar: "Dona Zélia morreu! Dona Zélia morreu! Moço, pelo amor de Deus, faça alguma coisa! Dona Zélia morreu!"

Recostado em sua poltrona, ao ouvir os berros de Ângela, Jorge abriu os olhos, deu um salto: "*O que foi?*". E voltou a se recostar, olhos fechados, calado.

Com esse incidente, perdi a chance de conseguir os sapinhos, mas, em compensação, fiquei ciente de que Jorge não estava inconsciente, já que reagira ao ouvir os gritos alarmistas da empregada.

O telefone ficara ali, caído, transmitindo tudo, ninguém se lembrara de desligá-lo. Minhas palavras soltas ao vento e o desmaio não foram explicados ao locutor do programa nem ao "meu povo de São Paulo". Ninguém deve ter entendido o que se passara. Só sei que essa emissora de rádio, tão simpática, nunca mais quis conversa comigo.

PROCISSÃO NO MAR DO RIO VERMELHO

De um velho pescador, ouvi, em tempos que lá se vão, a lenda de como surgiu a festa de Iemanjá, no Rio Vermelho.

"*Já faz muitos anos*", começou o velho, "*nem me lembro quantos, começou a sumir os peixe das águas do mar. Eu, mais meus camarada, saía de madrugada por isso tudo e nada de peixe, nem pra remédio vinha uma pititinga na rede. Os balaio voltava puro. Os peixe tinha sumido.*

Um dia, tava eu aperreado olhando o mar, pensando no que fazer de minha vida, quando apareceu diante de mim, uma dona que eu nunca tinha visto, uma desconhecida. Aí ela me perguntou:

— *Por que vosmicê está tão esmorecido?*

— E não era pra estar? — respondi. — Este mar secou de peixe. Não tenho mais do que viver.

— Vosmicê pesca aqui faz quantos anos?

— Uma porção deles — respondi. — Desde menino. Vinha sempre com pai.

— Vosmicê sabia que quem governa esse mar é uma sereia? O nome dela é Iemanjá e ela é a rainha do mar. Iemanjá manda nisso tudo e tudo pode. Ela só não gosta de ingratidão. Vosmicê alguma vez já deu algum presente pra ela?

— Presente?

— Isso mesmo. Ela dá os peixes pra vosmicês e vosmicês, cadê? Nada.

— E que presente eu posso dar pra ela, dona?

— Iemanjá é bonita e faceira. Tudo que as mulheres da terra gostam ela também gosta: espelho para ver sua formosura, perfume pra se perfumar, pente pra se pentear... Ela também gosta muito de flores pra enfeitar as águas do mar. Dê um presentinho pra ela, moço, e aconselhe seus camaradas a dar também. Ela vai ficar contente, vosmicê vai ver. Quem agrada à rainha do mar não se arrepende. É o que lhe digo.

Acreditei nos conselho da dona, que, assim como apareceu, sumiu de minhas vistas. Avisei meus companheiro e logo começamo a jogar flor no mar e tudo o que a mulher falou. A gente saía de barco, ia lá pras lonjuras, onde nós achava que era a casa dela, e toma a jogar os presente na água! Cada coisa que nós atirava a gente ia adulando: Veja lá, dona moça bonita, dona rainha do mar, dona Iemanjá, veja lá se pode dar um jeito de arranjar uns peixinho pra nós. E foi assim que daí por diante os peixe voltou a aparecer."

Segundo o pescador, a notícia se espalhou, correu de boca em boca e, como era 2 de fevereiro, o dia em que a mulher surgiu para o velho, todo o povo do Rio Vermelho e também gente de longe ficou sabendo. Foi então que multidões de pessoas começaram a aparecer nessa data trazendo o seu presente a Iemanjá e fazendo seu pedido.

O velho pescador ainda tinha uma coisinha a dizer:

"Inventaram por aí, não sei se é mentira ou se é verdade, que Iemanjá só recebe presente de gente que ela gosta. Quando é de gente falsa, interesseira, que ela não gosta, ela não aceita. Fica tudo boiando, não afunda como os de seu agrado."

Os balaios enfileirados à beira do mar, no largo de Santana, começam a ser enchidos desde a madrugada do dia 2 e a fila que se forma para chegar a eles só termina no fim da tarde, quando a brisa do mar sopra mais forte e ajuda a empurrar as embarcações carregadas de oferendas, que, em verdadeira procissão, vão se afastando da praia, mar adentro, lentamente, até se perderem no horizonte. É lá, nessas lonjuras, que os presentes são atirados à água.

O velho pescador ainda tinha o que contar. Rindo, ele acrescentou:

"Com essa maluquice que inventaram de que Iemanjá só aceita presente de quem ela gosta e que quando ela não gosta eles não afunda, ninguém nem imagina cada coisa que levam pra ela! Até máquina de costura eu já vi."

Festa de Iemanjá e Carnaval

A festa de Iemanjá nada tem a ver com o carnaval, mas, mesmo que a data do carnaval não coincida com a da festa, ao povo pouco importa.

A 2 de fevereiro, invadindo praças e ruas, montando barraquinhas de bebidas, a cerveja rolando solta, os *churrasquinhos de gato* não dando pra quem quer; o acarajé e o abará nos tabuleiros das baianas espalhados nas calçadas, música tocando alto... o povo dança, pula, se esbalda o dia todo e a noite inteira. Ele faz seu próprio carnaval.

Um Carnaval a 2 de Fevereiro

Recostada numa poltrona ao lado de Jorge, eu assistia pela televisão ao movimento do início do carnaval. Era 2 de fevereiro e nesse ano as datas das duas festas coincidiam.

O largo do Rio Vermelho pegava fogo, com blocos carnavalescos invadindo a praça, o povo animado.

A televisão, em *flashes,* mostrava o movimento do centro da cidade, onde apareciam os grandes blocos e trios elétricos que não chegavam ao Rio Vermelho.

Naquele momento desfilavam, na praça Castro Alves, Os Filhos de Gandhi, tradicional e gigantesco bloco tendo à frente, enrolado num lençol, o famoso Edmundo, magro, de óculos, o próprio sósia de Mahatma Gandhi — sósia na aparência e na dignidade de sua postura —, na mão direita um cajado, a outra segurando um cabritinho.

Agora surgia o bloco dos Internacionais, o de João Jorge. Ele saíra logo cedo, passara lá por casa fantasiado de pirata, viera para dar um beijo apressado: "Vou me encontrar com o pessoal dos Internacionais, mãe, hoje não almoço com vocês."

No seu bloco, em meio à confusão, descobri nosso pirata, pulando no maior entusiasmo: "Olhe só João! Veja, Jorge!", berrei apertando sua mão. Calado ele estava, calado continuou. Nem ao menos abriu os olhos. Ao alto de um trio elétrico, Margareth Menezes, voz esplendorosa, cantava e encantava. Sabendo da admiração de Jorge por ela, tentei ainda uma vez despertá-lo, mas qual! Aparecia agora Daniela Mercury, outra, maravilhosa, querida nossa. Mesmo sabendo de seu entusiasmo pela cantora, nem me animei a chamar-lhe a atenção.

Estávamos os dois sozinhos em casa, apenas os cãezinhos, ali, fiéis, Fadul e Morita, deitados em nossos colos. A mim faltava, sobretudo, a companhia de Jorge, sua vivacidade, seus divertidos comentários, sua mão apertando a minha.

A RAINHA DA RUA ALAGOINHAS

Durante muitos anos as festas do Rio Vermelho se estenderam até nossa casa. O aniversário de Lalu, também a 2 de fevereiro, era festejado desde o romper da aurora até as tantas da noite. Carybé, o infalível, era o primeiro a chegar. Despertava-nos e a toda a vizinhança, soltando, de nosso jardim, barulhentos rojões, saudando a alvorada.

Para essa festa do aniversário da mãe, Jorge abastecia a casa com tudo do bom e do melhor e em grande quantidade. Mesmo assim, houve dia de faltar até água para os retardatários, no final da noite.

A presença de Viturina, mãe-pequena do candomblé do Bate Folha, era infalível, com seu famoso tabuleiro repleto de cocadas, brancas e pretas, e abarás. Com seu traje de baiana, instalada no jardim, não parava de fritar, num fogareiro ao lado, os mais deliciosos e dourados acarajés.

Nesse dia, Lalu era a própria Iemanjá, a receber cumprimentos, presentes e flores, de parentes, amigos ou de apenas conhecidos. Até desconhecidos iam chegando — não era *open house*? Sabendo do aniversário da mãe do escritor, havia quem aproveitasse a chance de conhecer a tão falada casa, levando, ao mesmo tempo, um presente para a rainha do mar e outro para a rainha da rua Alagoinhas.

Um gavetão da cômoda de Lalu ficava abarrotado de perfumes, talcos e sabonetes que ela recebia com prazer. Os presentes chegavam e mergulhavam no tal gavetão, jamais eram devolvidos, como, por vezes, acontecia com alguns de sua colega de festa, a caprichosa Iemanjá. Nas flores Lalu nem tocava, passava-as em seguida para mim, eu que tratasse de colocá-las em vasos, tantos que nem davam conta do recado. "A casa é tua", dizia, "são para enfeitar tua casa..."

O que mais encantava Lalu era receber seus parentes, os sobrinhos que ela amava muito, e, sobretudo, abraçar seu irmão Firmo Ferreira Leal, a quem ela chamava de Zé Pedro. Coronel do cacau, desbravador da mata, homem direito, tio Firmo, mais do que a irmã, muito mais, tinha traços indígenas, não negava a raça. Ferreira Leal ele herdara do bisavô português que caçara a bisavó *a dente de cachorro.*

Até mamãe veio de São Paulo, certa vez, para o aniversário de Lalu. Ela tricotara um xale de lã para oferecer à aniversariante. Achamos que ela devia entregá-lo pessoalmente, aproveitando assim a ocasião de conhecer a festa de Iemanjá.

Enfrentando o medo do avião — ela dizia só temer a decolagem e a aterrissagem. Quando se via sobrevoando as nuvens, sentia-se garantida e o medo passava.

Lalu ficou contente com a vinda da *velhinha*. Era assim que ela se referia a mamãe, sendo que a *velhinha* era alguns anos mais nova do que ela. Em outras ocasiões que mamãe viera à Bahia, ficavam as duas conversando horas sem parar, mamãe grudada num tricô ou num crochê e Lalu contando histórias dos filhos, elogiando-os a mais não poder.

Lalu recebeu o xale: "Bonito, hem?" E em seguida comentou: "Coitada de dona Angelina, vive em São Paulo, uma geladeira, e pensa que na Bahia também faz frio." Inda bem que a *velhinha* não ouviu o comentário.

Jorge fez questão de acompanhar mamãe à festa do largo para vê-la encantada com o movimento e a fila interminável de gente levando presente para Iemanjá: "Será que eles acreditam mesmo em milagres de sereia?"

Depois, em casa, mais assombrada ficou ao ver o entra-e-sai de pessoas que cumprimentavam a aniversariante, comiam, bebiam e iam embora.

Já bem tarde, fazíamos comentários sobre o movimento do dia quando mamãe disse: "Achei uma beleza a baiana fritando os acarajés, um cheiro se espalhando... dava até água na boca!"

— E quantos a senhora comeu? — perguntou-lhe Jorge.

— Nenhum — respondeu.

— Nenhum? Por quê?

— Eu nem sabia quanto custava...

Todo mundo caiu na gargalhada, e dona Angelina tratou de mudar de assunto:

— As pessoas aqui na Bahia são muito educadas. Teve até um homem que beijou minha mão.

— E a senhora beijou a mão dele? — perguntou Lalu rindo.

— Se eu beijei a mão dele? — admirou-se mamãe. — Imagine...

Lalu não perdeu a ocasião de divertir-se:

— Pois devia ter beijado. Aqui quando um homem beija a mão de uma mulher, ela beija a dele... Faz parte da educação baiana...

Mais tarde, a sós, mamãe comentou: "Essa sua *madona* é mesmo original!"

Não sei por que razão, mamãe sempre se referia a Lalu, chamando-a madona. Seria sogra em veneto?

O último aniversário de Lalu foi festejado em 1972. Ela partiu, nos deixou em março desse mesmo ano. Desde então, nessa data, em nossa casa de portas fechadas restou apenas um vazio enorme, uma saudade imensa.

Os Filhos do Tororó

Diante da televisão os desfiles continuavam. Depois do trio elétrico com Daniela Mercury, aparecia agora o bloco Apaches do Tororó. Não resisti, me animei novamente: "Olha só, veja eles aí, os Apaches do Tororó!" Entusiasmada, apertei a mão de Jorge, mas não havia jeito, desisti.

Jorge nunca fora carnavalesco, não gostava de se meter em aglomerações, preferira sempre assistir tranqüilamente pela televisão, estirado em sua poltrona, as loucuras momescas. Agora, nem mais isso. De olhos fechados, talvez ele apenas ouvisse o que se passava, mas nem disso eu tinha certeza. Não reagira ao meu entusiasmo diante do novo bloco que surgira. Mesmo assim, eu não desistiria de sempre tentar.

Volta ao Passado

O bloco que despertara minha exaltação fazia-me voltar a um passado alegre, relembrar-me do já distante carnaval de 1969.

Convidado pela Escola de Samba Filhos do Tororó — que o homenagearia naquele ano — a assistir de um palanque ao desfile, no centro da cidade, Jorge não titubeou, aceitou satisfeito. Participaria da grande manifestação popular. Coerente com seus princípios de estar sempre ao lado do povo, ele não rejeitaria, de jeito nenhum, tão honroso convite.

"Jorge Amado em quatro tempos" era o tema do samba.

Lá do alto, com a família e amigos, Jorge não escondia a emoção e o entusiasmo diante daquela multidão a aclamá-lo, manifestação de carinho e amor de milhares de foliões. O povo, seu personagem preferido, lá estava a dançar e a cantar o tema musical do enredo, cheio de graça e invenção, do compositor Walmir Lima.

De quatro enormes livros, colocados num alto estrado, foram saindo, um a um: Gabriela, Vadinho, Dona Flor e Nacib, caracterizados com roupas escolhidas a dedo e capricho. Um esplendor!

Entre todas, a caracterização mais apreciada foi a de Dona Flor, bela e apetitosa mulata, envergando um vestido justo a ressaltar as formas do poderoso violão! Imensa flor fora colocada sobre a *perseguida*, como explicou em seu linguajar o responsável pelas fantasias, Carybé. Ele fora procurado pela Escola, pediram-lhe que se ocupasse das caracterizações dos personagens. O artista nem pestanejou, aceitou. Era tudo o que desejava: "Para meu compadre Jorge, tudo! Estou sempre pronto", respondera.

O povo cantava, dirigindo olhares e acenos para Jorge, que não cansava de agradecer-lhes, acenando-lhes também com gestos e sorrisos.

Walmir Lima caprichara na letra, que aqui reproduzo:

Escritor emocionante,
Realista sensacional,
Deslumbrou o mundo,
Oh! Jorge Amado genial.
Sua obra em quatro tempos
Apresentamos neste carnaval:
Do território mágico e real,
Grandeza da literatura nacional,
Extraiu dos seres e das coisas
Um lirismo espontâneo.

Glória, glória, do romance brasileiro
Contemporâneo! [o povo cantava contemporã]
Foram essas suas obras escolhidas
Para serem exaltadas, revividas:
Bahia de Todos os Santos,
Gabriela, cravo e canela,
Dona Flor e seus dois maridos
E O país do carnaval.
Louvemos, pois,
As glórias alcançadas
Na sua grande jornada,
Nesse mundo de meu Deus,
Pois tudo que mostramos na avenida
São histórias já vividas
Contadas nos livros seus.
Escritor!

Tão emocionado ficou Jorge, diante da invenção e singeleza daqueles versos, que resolveu transferi-los a Pedro Archanjo, personagem de *Tenda dos Milagres*, livro que estava escrevendo na ocasião, talvez o seu preferido.

Tenda dos Milagres é o romance que — sem medo de errar — mais retrata seu autor. Eu encontro em Pedro Archanjo facetas do caráter e da personalidade de Jorge. Pela boca de Pedro Archanjo ele repetia o que pensava. Num dos capítulos do livro ele fez o mestre dizer uma frase sua, uma resposta que dera um dia a alguém que o provocara: "Como é que pode, Jorge Amado? Você se diz materialista e é obá de Xangô, freqüentando terreiros de candomblé?" Ao que Jorge respondeu: "Sou materialista, mas meu materialismo não me limita". Agora ele transferia para Pedro Archanjo, em *Tenda dos Milagres*, a música que fora feita para ele no carnaval.

Escritor emocionante
Realista sensacional
Deslumbrou o mundo
Oh! **Pedro Archanjo** *genial.*
Sua vida em quatro tempos
Apresentamos neste carnaval.
Do território mágico e real
Grandeza da **inteligência** *nacional*
Extraiu dos seres e das coisas
Um lirismo espontâneo
Glória glória
Do mulato *brasileiro*
Contemporâneo
Glória glória

Batatinha

A relação de Jorge com os poetas populares da Bahia era muito próxima. Deles recebia o escritor as mais surpreendentes manifestações de carinho, com eles aprendia.

Dona Flor e seus dois maridos fora filmado no Centro Histórico de Salvador. O Pelourinho, palco da história e das filmagens, vivia lotado, todo mundo querendo ver Sônia Braga, José Wilker, Mauro Mendonça, Nilda Spencer, todos ali dando sopa... Bruno Barreto, o jovem diretor, via-se doido com o povaréu a dizer piadas, muitas vezes atrapalhando a filmagem.

Foi nessa ocasião que Jorge recebeu uma visita do famoso cantor e compositor popular Batatinha. Entusiasmado com as coisas que ouvia sobre *Dona Flor*, resolvera entrar na dança, compôs uma música:

— Vim cantar para o pai da moça a música que fiz para ela — disse rindo, ao chegar em nossa casa, naquele dia.

Letra ingênua, valorizada pelo autor, que a cantava dando uns remelexos de corpo:

Calma no amor,
Dona Flor com seus dois maridos
Nessa eu não vou porque corre perigo.
Eu até acho graça como conserva
Um titular e outro reserva.

Pena não termos na ocasião um gravador, pois, da letra tão divertida de Batatinha, só me restou na memória o pouco que aqui reproduzo.

Ainda Carnaval

Jorge não era, como já disse, um folião, mas, por vezes, entregou os pontos. Chegou mesmo a desfilar, em 1989, no Rio de Janeiro, sobre um carro alegórico da Império Serrano, desfile comandado pelo carnavalesco Oswaldo Jardim.

Na semana anterior ao carnaval, visitamos o barracão da Império, já apelidado de *Tenda dos Milagres*, onde se encontravam os carros do desfile. Conhecemos lá, nessa noite, a modelo Vanessa de Oliveira, rainha da bateria.

O presidente da Império, Oscar Lino da Costa Filho, convidou-me para ser madrinha das baianas e, com elas, em sua ala, desfilar na passarela. Ofereceu-me uma roupa da escola, linda de morrer! Aceitei a fantasia, agradeci o convite, mas preferi estar ao lado de Jorge no carro alegórico, vestindo a mesma roupa da ala de minhas afilhadas que se exibiriam no asfalto.

Manhã de Terça-Feira

Três ou quatro — não recordo quantos — elefantes brancos, enormes, colocados em círculo, formavam a base para um tablado pousado em seus dorsos. Sobre esse tablado, ao alto do imenso carro, todo branco, de alegorias simbolizando Oxalá, desfilou Jorge.

A Império Serrano seria a última escola a desfilar, já na terça-feira pela manhã. A preocupação de Jorge não era a de ficar horas a fio de pé naquela altura, mas temia o sol daquela manhã de verão carioca, castigando. "Não se preocupe", disseram-lhe, "fará parte da decoração do carro uma tenda branca de cetim, colocaremos uma cadeira embaixo, onde o senhor poderá descansar se quiser e ficar abrigado."

De pé o tempo todo, Jorge desfilou no Sambódromo da Marquês de Sapucaí, como tema do enredo

Jorge Amado Axé Brasil. A seu lado, a família: Paloma, Pedro Costa, Mariana e Cecília, suas netas, seu irmão, Joelson Amado, e amigos baianos vindos ao Rio como nossos convidados: a mãe-de-santo Olga de Alaketu, Luiz Domingos, filho de Maria de São Pedro, do Mercado Modelo, July, cronista de *A Tarde*, de Salvador, com um belíssimo traje de baiana, dançando sua dança, fazendo parte da alegoria do carro que enaltecia a Bahia. Os amigos Norma e Renato Martins, vindos especialmente de Salvador, estavam no carro conosco. Graça e Fernando Coelho também faziam parte do desfile. Atores consagrados, amigos inesquecíveis, como Grande Otelo, Paulo Gracindo e Henriqueta Brieba, estavam na primeira fila, ao alto, do carro alegórico. Por vontade de Jorge, todos os amigos ficariam conosco lá em cima, mas ele não conseguiu, acabou se convencendo: o carro não resistiria ao peso.

Enquanto aguardávamos o sinal para a saída, lá de cima ficamos localizando os amigos, todos de branco, que acompanhariam, no chão, o nosso carro. Não foi difícil descobrir entre tanta gente nossas amigas francesas, Misette Nadreau e Anny-Claude Basset, com elas Léa Freire. As francesinhas pulavam e cantavam no maior entusiasmo, mais brasileiras do que qualquer uma. E aquele, todo frajola, nos trinques, de terno branco, paletó, chapéu e bengala? Era Edvaldo Pacote. Em meio a mais de uma centena de amigos, conseguimos localizar: Ana Maria Magalhães, Walter Avancini, Walter George Durst, Mauro Mendonça, Ney Latorraca, Ruth de Souza, Rosa Maria Murtinho, Haroldo Costa, Jards Macalé, Antônio Pitanga, Dias Gomes, José Wilker, Milton Gonçalves, Dina Sfat, Daniel Filho, Tânia Bôscoli, Joana Fomm, Armando Bogus e tantos e tantos outros, todos amigos, atores e diretores responsáveis pelo sucesso das novelas e dos filmes sobre a obra de Jorge.

A Beija-Flor, penúltima do desfile, acabara de passar. Às nove horas em ponto, sol alto, foi dado o sinal de partida. Nosso carro, empurrado por homens fortes, foi deslizando lentamente pela passarela do samba, rodeado pelo cortejo de amigos, todos cantando o samba-enredo *Jorge Amado Axé Brasil,* dos compositores Beto Sem Braço, Aluísio Machado, Bicalho e Arlindo Cruz, tendo como puxador Silvinho:

Sob os olhos graciosos de Oxalá
Desce a Serrinha
Esquenta o País do Carnaval
É muita pimenta, dendê e cacau.
Você sabe que tem festa, meu amor
Lá na Tenda dos Milagres, vem que eu vou, eu vou

Jubiabá tá no portão
E as iaôs jogam pitangas pelo chão
Com os pastores da noite
Vem gente lá das Terras do Sem-Fim
Oriundo lá das matas de Oxóssi e Ossain
O famoso Valentim
E ao som dos atabaques
Rola o suor dos Ogãs
Olha que papo maneiro
Entre os velhos marinheiros e
Os novos capitães
Vem gente que sofreu demais
Lá do sertão e da beira do cais
É doce morrer no mar
Nos braços de Iemanjá
Tereza Batista cansada de guerra
No samba de roda esquece as mágoas
Tieta se beber faz graça
Quincas Berro Dágua agitando a massa
Põe tempero na panela, Gabriela
Mexe, mexe com amor, cozinha com teu calor
Bota logo o vatapá na tigela
Quem mandou foi Dona Flor
É gente que chega e tem gente pra chegar
Êkchêupa ba ba, ê, êkchêupa ba ba
Axé Brasil, pai Amado saravá, saravá.

Entre aplausos, ovacionado pelo público, o povo das arquibancadas e os graúdos dos camarotes, nosso carro seguia lentamente. Milhares de pessoas que haviam passado a noite inteira ali, assistindo ao desfile de todas as escolas, não arredaram pé, continuavam firmes em seus postos e, na maior animação, saudaram a passagem de Jorge, aplaudindo-o de pé.

Em ritmo de samba, axé Brasil, axé Jorge Amado, lentamente, a Império Serrano percorreu a passarela e chegou nos oitenta minutos cronometrados, nem um a mais, nem um a menos, à praça da Apoteose. Tempo curto demais para tantas e tamanhas emoções que jamais se apagariam.

Embora cercado de seguranças, ao descer do carro, Jorge não deixou de abraçar e distribuir autógrafos aos integrantes da escola, que, segundo ele, lhe deu o maior prêmio de sua vida literária.

Rodeado de fotógrafos e repórteres, Jorge dizia: "Meu coração foi posto à prova hoje e acabei de descobrir que ele é forte. Jamais esquecerei este dia e acho que o desfile renderá muitas histórias."

No dizer de Charles Chaplin, "as coisas boas duram o tempo necessário para se tornarem inesquecíveis".

Carnaval de 1985

Festejando a abertura política no país, o processo de redemocratização que vinha de acontecer com a eleição de Tancredo Neves e José Sarney, a cidade do Salvador fez o seu carnaval inspirado em Jorge Amado. As manchetes de jornais diziam: "Os 'filhos' de Jorge no Carnaval da democracia."

A cidade estava se engalanando, o carnaval seria em breve, quando resolvemos dar uma espiada pelo centro, onde trabalhavam na decoração. Mais de mil peças entre grandes e pequenas estavam sendo colocadas por toda parte: retratos de Jorge, de Gabriela, de Tieta, de Dona Flor, até o Gato Malhado e a Andorinha Sinhá estavam presentes...

Diante do painel central da decoração, na praça Castro Alves, vendo seu rosto num enorme medalhão e em volta da cabeça vários de seus personagens mais famosos, Jorge não se conteve: "Este aqui eu vou roubar para mim depois da festa." Esse painel, trabalho do mestre Juarez Paraíso, grande artista, belo amigo, na ocasião diretor da Escola de Belas-Artes, ele poderia ter conseguido sem roubar. O que será que aconteceu com ele? Não consigo saber do seu destino, só sei que Jorge não roubou nem ganhou, ficou encabulado de pedir.

Os detalhes da decoração das ruas resultaram de reuniões e discussões entre artistas, prevalecendo o do grupo de Edvaldo Gato, que venceu a concorrência pública feita pela Prefeitura de Salvador. A equipe abrigava figuras do porte de Juarez Paraíso, Tati Moreno, Fernando Coelho, J. Cunha, Renato Viana, Poly entre outros. Não é preciso dizer mais nada, foi uma beleza!

Carnaval em Nice

Relembrando carnavais passados, como esquecer o de Nice, em 1990?

Não resistindo ao convite que lhe fizera nossa amiga Annie Sidro, carnavalesca número um, alma do carnaval de Nice, que homenagearia Jorge naquele ano, com entusiasmo ele aceitou o convite.

Partimos para a França e, na companhia de Gilberto Gil e Flora, também convidados da dona da festa, participamos juntos de todas as solenidades, muitas.

O enredo "Jorge Amado Axé Bahia" imperava nas ruas de Nice, o povo nas avenidas cantava e dançava. A beleza da Bahia, representada em alegres alegorias, enfeitava as ruas da cidade.

Banquinho sob a mangueira
onde se encontram as cinzas
de *Jorge Amado*

Jorge Amado trabalhando
em Paris

Jorge Amado com
Maria João e Dorival Caymmi

Zélia e Jorge

João Jorge, Jorge Amado e Zélia Gattai
em Paris, em 1998

Maria João
com boneca feita
por Zélia

Jorge Amado,
Zélia Gattai e netos

Zélia, Dadá e Jorge

Jorge na casa do Rio Vermelho, com
a *Irmandade da Boa Morte*

No carnaval da Bahia, Jorge Amado e os *Filhos de Gandy*

O casal com os doutores
Tânia e Jadelson Andrade
no Carnaval Axé Bahia

Jorge Amado e *Marcello Mastroianni*, em Paris

Jorge Amado com os presidentes Mário Soares e José Sarney

Jorge entre seus irmãos Joelson e James, em 2001

Jean-Paul Sartre e Simone de Beauvoir com o casal Zélia e Jorge. Ao fundo, Vivaldo Costa Lima

Fernanda Montenegro, Zélia e Antônio Carlos Magalhães

Zélia Gattai com Regina Duarte e Dias Gomes

Zélia Gattai em Londres

No *Sri Lanka,* Pablo Neruda e Jorge Amado (no fundo, à esquerda) observam Zélia e o elefante

Jorge Amado, em *Paris*, escrevendo *Navegação de cabotagem*

Firmo Leal, irmão de Lalu

No palácio presidencial da França, ouvindo o ministro da Cultura *Jack Lang*

Jorge Amado com *Georges Moustaki*

Jorge Amado
no jardim da rua Alagoinhas

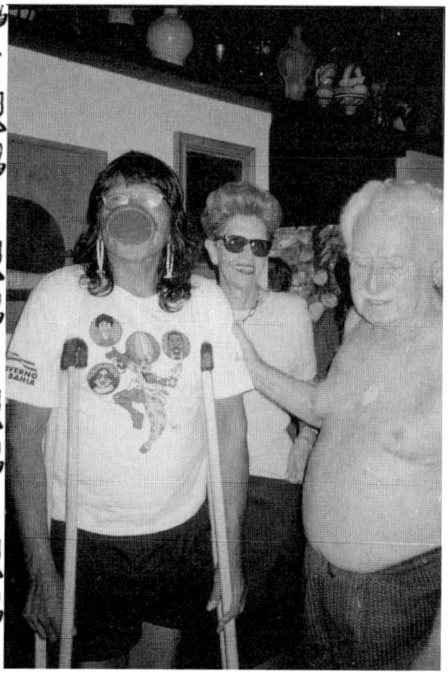

Jorge Amado e o editor *Alfredo Machado*

Jorge Amado com *Raoni*. Ao fundo, Luiza Ramos Amado

Zélia e Jorge
no Ano-Novo de 2001

Envergando a minha bela baiana, a do Império Serrano, que sabiamente eu levara, participei de um bloco na passarela. Dentro das várias saias rodadas e do corpete bordado, sem esquecer o torço com largas pontas engomadas, eu fazia sucesso, sentindo-me a própria baiana, e lá me fui para o desfile.

Enquanto Jorge assistia da arquibancada, eu caprichava no requebro, sambando. No auge da animação, arrisquei até uns passos mais ousados. Fizeram roda em torno de mim e, sozinha no centro, me espalhei. Achei que Jorge ia adorar o meu sucesso, mas qual! Ciumento como ele só, apenas disse: "É... não precisava ter exagerado tanto!"

Eta Carnaval Porreta!

"Eta carnaval porreta" foi o tema do carnaval de Salvador em 1997, homenagem a Jorge Amado.

Nesse carnaval temático, idealizado pela criativa e dinâmica Eliana Dumet, embora fatigado (havia pouco ele fora submetido a uma angioplastia), Jorge não recusou o convite de Antônio Imbassahy, que iniciava sua primeira gestão como prefeito de Salvador, para assistir, do palanque oficial no Campo Grande, ao desfile em sua homenagem.

Tieta foi a figura principal do carnaval; junto com ela, distribuídas, de pé, ou penduradas, pelas praças e por toda parte, graciosas cabras e bodes, trabalho de nosso mestre Calá, xilogravuras recortadas em madeira, figuras das ilustrações que ele fizera para o livro *Tieta do Agreste*.

A conselho médico, Jorge devia sair da cidade alguns dias antes do carnaval, para repousar. Fomos a Itacimirim descansar num aprazível e tranqüilo hotel.

Repouso em Itacimirim

Dias depois, no nosso isolamento em Itacimirim, recebemos a visita de artistas que participariam da folia, fazendo parte do bloco Os Amados Amigos de Jorge. Como esquecer Regina Dourado, que apareceu com um chapéu de abas largas, vestido muito justo, vermelho de bolas brancas, uma verdadeira Tieta? A animação do grupo, que passou conosco horas alegres, nos incentivou a voltar para a cidade. Ficamos sabendo que mais de quinhentos convidados, entre artistas, intelectuais e amigos, desfilariam. Pessoas as mais íntimas e queridas lá estariam: atores encarnando os personagens dos livros, outros de camisetas estampadas com o rosto de Jorge, a cabra de Tieta e os dizeres: Bloco Os Amados Amigos de Jorge.

Chegamos à cidade na véspera da abertura do carnaval.

No camarote oficial, no Campo Grande, os médicos Tânia e Jadelson Andrade, fiéis amigos e guardiões da saúde de Jorge, lá estavam de prontidão. Ao nosso lado, o governador Paulo Souto, o prefeito Antônio Imbassahy e o presidente do Senado, Antônio Carlos Magalhães, todos com as camisetas do bloco.

Encantados, víamos passar nossos amigos caracterizados, uma verdadeira graça. Que eu me lembre: Regina Dourado, uma resplandecente Tieta; Nilda Spencer, de nosso coração, era Maria Machadão, sem tirar nem pôr; o jornalista Eduardo Tawil, nosso Duda, presente nas horas certas, aparecia na pele de Fadul Abdala; Carlos Petrovitch, diretor da Escola de Teatro, encarnava Pedro Archanjo; Jackson Costa era o próprio Vadinho; Daniel Boaventura, um austero Doutor Teodoro; Wilson Melo, um espetacular Quincas Berro Dágua.

Do alto de um trio elétrico, animado pela banda Didá, Caetano Veloso e Margareth Menezes cantavam o tema de Tieta, feito por Caetano para o filme de Cacá Diegues: *Eta, eta, eta, eta, é a lua, é o sol, é a luz de Tieta...*

Agora vinha um carro alegórico: sobre um caminhão, a famosa marinete de Jairo, o ônibus de Santana do Agreste ao qual o escritor conseguira dar vida, torná-lo personagem importante, com quem seu dono interagia como se fosse de carne e osso. Em cima da marinete, coronéis, mulheres-dama, gente da época.

Um trio elétrico com Daniela Mercury e Carlinhos Brown, a maior beleza! Ainda outro com Armandinho, o incomparável, com seu mágico cavaquinho...

Fico às vezes pensando se tantas e tais emoções não teriam contribuído para o agravamento da saúde de Jorge, mas prefiro achar que tantas e tais emoções o teriam ajudado a aproveitar a beleza da vida, teriam prolongado sua alegria de viver.

Visita Inesperada

Voltando de minhas divagações, continuava eu assistindo ao carnaval pela televisão, quando o telefone tocou.

— É dona Zélia? Não sei se a senhora sabe quem eu sou. Meu nome é Edu Casanova.

— Edu Casanova? O do trio?

— Isso mesmo. Estou em Salvador, onde vou desfilar.

O cantor me consultava sobre a possibilidade de uma visita que pretendia nos fazer com dois índios.

— Pataxós? — perguntei.

— Não, senhora, não são da Bahia.

O cantor Casanova me explicou então que seu bloco, naquele ano, homenagearia os nossos indígenas.

— Mas nem todos são índios — explicou —, apenas três chegaram como nossos convidados.

Um dos três índios recém-chegados estava interessado em fazer uma visita a Jorge Amado, ouvira falar muito nele em outras viagens que fizera à Bahia, sabia tratar-se de um homem que escrevia histórias e era famoso.

Desculpei-me, não estávamos recebendo visitas devido ao estado de saúde de meu marido.

— Pois, quem sabe, até seria bom receberem Raoni. Ele lida com pajelanças e até poderia dar uma olhada na saúde de seu marido.

— Raoni, o cacique?

Ao saber que era o cacique Raoni quem desejava nos visitar, me animei. Eu conhecia o índio Raoni pelos jornais e até o víramos certa vez se badalando em Paris, fazendo sucesso nos Champs Elysées, com seu botoque nos lábios. Não custava recebê-lo e marquei uma hora para o dia seguinte.

Calasans Neto e Auta Rosa deviam ter interesse, disso eu tinha certeza, de conhecer de perto o famoso cacique. Além de mestre nas artes pictóricas, Calá é famoso por sua graça em contar anedotas, narrar histórias divertidas e inventar apelidos. Viajamos com o casal algumas vezes por esse mundo afora e, impressionado com a atividade de Jorge, andando sempre a quilômetros de distância da gente, descobrindo coisas, comandando, Calá o apelidou de Cacique, mas achou pouco e acrescentou Raoni, nome na época em evidência no Brasil. O apelido pegou e era só Raoni pra cá, Raoni pra lá... Certa vez, na Europa, Jorge sumiu, houve um desencontro e Calá, entre o desconsolado e o aflito, declarou: "Raoni abandonou a tribo!".

Convidei o casal, que, além de me fazer companhia nessa tarde da surpreendente visita, havia de gostar de conhecer o índio pessoalmente.

Partidas de Crapô

Havia algum tempo, já não tendo o que inventar para chamar Jorge à realidade, eu astuciara jogar baralho com ele, distraindo-o com umas partidas de crapô, inocente paciência a dois. Eu distribuía as cartas do baralho na mesa e ele, saindo às vezes de sua apatia, colocava as que eu lhe dava no lugar certo. Para vê-lo esboçar um sorriso, eu chegava a inventar que ele estava roubando e era aí então que ele me dava a alegria de sorrir.

A Visita

Estávamos, naquela tarde, terminando uma partida de crapô, quando chegaram Raoni e um pajé, comboiados pelo cantor Casanova. Recolhi da mesa as cartas do baralho, Jorge voltou a fechar os olhos e baixou a cabeça.

Mesmo sem cocar nem plumagens, ambos de camisetas de malha e calças jeans — pondo à parte o famoso botoque de Raoni —, eu os identificaria, sem pestanejar, como dois índios autênticos.

Magro, sério, simpático, o pajé sentou-se na cadeira que lhe ofereci e, talvez encabulado naquele ambiente de gente estranha, lá permaneceu, sem dizer uma única palavra o tempo todo. Mais desinibido, Raoni sentou-se em seguida ao lado de Jorge, tentando entabular conversação. Mesmo não havendo resposta ao que dizia, não se intimidou, continuou falando.

De ouvidos atentos, tentando compreender o que Raoni dizia, nem Rosa, nem Calá, nem eu conseguíamos pescar bulhufas. Ele falava baixo e rápido. Perdi a cerimônia, coloquei-me atrás de Jorge, baixei a cabeça e encostei-a ao seu rosto. Colhendo uma frase aqui, uma palavra mais adiante, compreendi então que Raoni tentava contar a história de uma caçada. Ele dizia:

— Então o caititu correu pro mato... eu corri atrás do caititu, mas eu não vi pra onde o caititu foi... o caititu estava escondido...

Essa história, com uma seqüência interminável do caititu fugindo das mãos do caçador, parecia não acabar. Eu já não podia esperar pela hora fatal, quando o nosso herói disparasse a flechada decisiva e atingisse o pobre animal. Jorge devia repousar e eu resolvi por bem encerrar o relato:

— Vamos parar por aqui, meu amigo? — disse, pondo-me de pé.

Surpreso ao ser interrompido no melhor da festa, Raoni protestou:

— Eu não estava nem na metade... Se ele quer escrever esta história, ele tem que saber ela inteira... Não um pedaço...

Na maior ingenuidade, Raoni revelava a sua intenção, o que pretendia, ao contar ao escritor a sua história.

— Fica para outra vez — disse-lhe. — Quando ele for escrever, você lhe contará o resto.

— Ele está doente?

— Está — respondi.

Raoni pôs-se de pé:

— Então vamos lá pra fora que eu vou ver se dou um jeito nele. Só ele vem comigo, mais ninguém.

— Eu também vou — respondi. — Se eu não for, ele não vai.

Diante daquela mulher obstinada, que jeito senão permitir a sua presença durante a pajelança?

Lá fora, no terraço, junto ao jardim, o cacique pediu-me que tirasse a camisa de Jorge. A camisa foi retirada. Pediu-me uma bacia com água. A bacia veio.

De uma sacola ele retirou alguns canudos e, na maior rapidez, encaixando um no outro, armou um cachimbo de tubo longuíssimo, colocou o fumo, acendeu.

Começou então uma sessão de tragadas e baforadas de não acabar, entremeadas de frases ininteligíveis que eu deduzi tratar-se de preces indígenas.

Ele puxara pelo cachimbo a mais não poder, soltara baforadas de fumaça, escarrara com estrépito, cuspira na água da bacia, fizera suas rezas, e nada! O homem era durão, continuava calado, de olhos fechados, cabeça pendida.

Meio perdido, Raoni desmontava o cachimbo quando, de repente, batendo o olho no peito de Jorge, descobriu algo que latejava. Tratava-se de um marca-passo, ali colocado para fortalecer seu coração.

Apontando com o dedo o local que palpitava, Raoni não disfarçou sua vitória:

— Olha! Descobri! Ele tem um tumor...

Tratei de aquietá-lo:

— Não é um tumor, não, meu amigo, isso é um marca-passo.

— Marca-quê?

— Marca-passo, colocado pelo médico — disse.

— E que é?

Ele ouviu minha explicação, mas não se conformou, insistiu:

— Isso é um tumor e eu vou arrancar ele fora.

Alarmada, perguntei:

— Arrancar, como?

— Eu vou dar uma chupada nele e ele sai logo.

Nesse momento, Jorge levantou a cabeça, abriu os olhos e disse:

— Zélia, leve esse índio daqui!

Convencido de que sua pajelança havia surtido efeito, Raoni ainda tinha um pequeno detalhe a acertar. Falou baixo ao ouvido de Edu Casanova, que, meio encabulado, transmitiu o recado:

— Ele está dizendo que é preciso pagar para que a cura continue positiva.

— Pagar, quanto? — perguntei.

— Pouco — respondeu o jovem. — Uma coisa apenas simbólica, uns dez reais.

— Que dez reais? — exaltou-se o índio. — Vinte, trinta, quarenta, cinqüenta...

Com cinqüenta reais no bolso, lá se foi Raoni, com apenas a metade de sua história contada, mas com a vaidade e o orgulho de ter conseguido fazer o escritor, o *durão*, abrir os olhos e falar.

O Exu Sete Pinotes

Protegido por Sete Pinotes, o Exu que pousara a mão em sua cabeça, Luiz da Muriçoca sabia das coisas, tinha poderes.

Pai-de-santo do terreiro de Exu, na Vasco da Gama, Luiz da Muriçoca era um bom amigo. Não falhava no momento necessário quando, por exemplo

— história já contada e que não me canso de repetir —, ao ser chamado para acalmar nossa empregada que não cumprira uma promessa feita a são Cosme e são Damião — os Ibêjis — e, possuída pelos *meninos*, cometia os maiores desatinos lá em casa. Entre outras coisas, a mocinha, magra como ela só, levantara Jorge — na ocasião bastante pesado — e, com ele nos braços, saíra a dançar e a cantar: "Vovô, vovô, vovô...".

Chamado às pressas, pressuroso, Muriçoca chegou, fez umas perguntas e em seguida diagnosticou: "Está possuída." Pediu que o deixassem a sós com a moça e, em três tempos, botou os Ibêjis fora de combate. Assim era nosso amigo, prestativo e poderoso.

Ao alto de uma ribanceira, barranco de difícil acesso, fomos certa vez ao seu terreiro para uma festa muito especial. Nesse dia Muriçoca receberia Exu Sete Pinotes, seu protetor, espetáculo único, de não se perder. Carybé, o maior entusiasta de Exu — foi quem mais foi —, aproveitaria para fazer desenhos do pai-de-santo em transe, enquanto Jorge aprenderia mil coisas para escrever um dia. Eu me divertiria.

Sentados em bancos de madeira, ao ar livre, em meio ao pessoal da casa e de outros convidados, aguardávamos Muriçoca, que, dentro do pequeno e modesto barracão, realizava uma cerimônia secreta para chamar e receber o seu santo. Só depois ele viria compartilhar a festa com seus convidados.

Ouviu-se de repente um estrondo, a porta do barracão se abriu e dela saltou Muriçoca, não aquele senhor pacato que conhecíamos, mas um lépido e saltitante jovem, o próprio Sete Pinotes.

"Ele está endiabrado", comentei, assombrada diante daquela metamorfose.

Um aperto no braço e um discreto psiu fizeram-me entender a advertência de Jorge: eu não devia prosseguir com meus comentários. Foi até bom o aviso, pois nem cheguei a dizer *é o próprio capeta*, que ficou na ponta da língua.

Como havia eu esquecido a bronca que levara, certa ocasião, de Mãe Senhora? Perguntara-lhe, na minha santa ignorância, se Exu era o Diabo.

— Nunca mais me repita uma coisa dessas! — ralhou a poderosa ialorixá. — Exu é brincalhão, gosta de pregar peças, mas é muito bom, boa pessoa — disse-me ela, tentando encerrar o assunto.

— Então por que é que ele tem rabo e chifres? — insisti.

— Ora veja só! Quanta curiosidade! Cada um é como é...

Sete Pinotes não tinha rabo nem chifres, mas pintou o diabo servindo-se do corpo de nosso amigo.

Pinote — nome bem aplicado — dava saltos, mexia com todo mundo, dizia coisas que nem eu nem ninguém entendia, arrancou o lápis da mão de Carybé e saiu com ele apontando o céu, dançando. Jorge se prendeu para não rir, mas eu não me contive ao ver a cara de Carybé quando seu lápis foi jogado fora, voando longe, pelos ares. Eu nunca assistira, nem voltei a assistir a cerimônia igual.

Depois daquela ida ao candomblé da Vasco da Gama e de constatar a dificuldade que havia para subir-se ao terreiro, Jorge procurou o prefeito da cidade, mostrou-lhe a importância cultural daquela casa e conseguiu que a prefeitura resolvesse o problema urgente, mandando fazer as escadas tão necessárias.

VISITA DE LUIZ DA MURIÇOCA

Sabendo que Jorge estava com problemas de saúde, Luiz da Muriçoca apareceu para visitá-lo.

— Vim aqui lhe ver, meu amigo.

Estirado em sua poltrona, olhos fechados, Jorge nem tomou conhecimento da presença do pai-de-santo.

Senti em Luiz da Muriçoca a tristeza estampada no rosto. Contei-lhe tudo o que já fora feito para, ao menos, tirar o amigo daquela apatia. Lembrei-me de Sete Pinotes, orixá forte que tudo podia, inclusive transformar Muriçoca, um senhor pacato, num jovem serelepe, como tivéramos a oportunidade de ver. Eu estava a fim de tudo.

— E se você apelasse para Sete Pinotes e fizesse um ebó bem forte? — sugeri.

— Era no que eu estava pensando — disse ele, sem nenhuma convicção.

— E então!

— Então, talvez nem seja caso para ebó... Quem sabe até *possa ser* alguém que esteja sentindo falta dele, querendo companhia...

Muriçoca não ousou dizer em quem estava pensando. Eu também já pensara a mesma coisa, mas não dissera nada, tratara de afastar de mim tal pensamento. Não, um amigo tão querido, tão bom, não iria fazer uma coisa dessas comigo, querer levá-lo de mim.

— Muito bem — disse finalmente o pai-de-santo. — Vamos tentar o ebó, mas vamos fazer um despacho bem forte, de animal de quatro patas. Vai custar um pouco caro, mas é o jeito.

Forneci o dinheiro para comprar tudo o que estava na lista que ele me apresentou, a começar pelo bode.

— Onde é que vai ser feito o trabalho? — quis saber.

— Debaixo de uma árvore que dê bastante sombra.

Lembrei-me de que naqueles últimos meses, quando Jorge ainda tomava conhecimento das coisas, costumávamos ir pela manhã ao parque da Cidade, andávamos por ali tudo, sentávamos depois para descansar num banco à sombra de uma enorme e frondosa árvore, passeio que ele gostava muito e lhe fazia bem.

Sugeri fazerem o despacho no parque da Cidade, mas Muriçoca já havia escolhido outro local:

— Vai ser no dique do Tororó, bem cedo, antes de começar o movimento por lá.

— Deve ser feito mesmo muito cedo — disse, concordando com Muriçoca.

Costumávamos fazer nossas caminhadas no parque da Cidade, lugar tranqüilo, mas Jorge gostava de, vez ou outra, variar andando em torno do dique, mais movimentado, mas que lhe dava grande satisfação.

Ele ficara entusiasmado com a transformação do imenso lago infectado, com um mau cheiro insuportável e mosquitos transmitindo doenças, num belo lago com água tratada. No centro do lago foram colocadas esculturas gigantescas de orixás com fonte e iluminação à noite, obra de nosso escultor, Tati Moreno. Em toda a sua volta, uma bela faixa de jardim com grama e flores, pista para os que fazem *cooper*, sem contar as antigas e frondosas árvores.

Os Cisnes do Dique

Ao sermos convidados, pelo prefeito Imbassahy, para ir ao dique, numa certa manhã, Jorge já não pôde me acompanhar. Seu estado de saúde se agravara, seus passeios matinais já não se realizavam. Fui sozinha.

O prefeito recebera de presente quatro belos cisnes, um casal branco e outro preto, que batizara de Jorge e Zélia e Camafeu e Toninha. Camafeu de Oxóssi, mestre de berimbau, dono de barraca no Mercado Modelo, nosso amigo querido, já havia morrido. O convite era para a cerimônia em que os cisnes seriam soltos no dique.

Reunidos os convidados, Toninha, viúva de Camafeu, a meu lado, aguardávamos o momento da libertação daquelas aves aprisionadas há nem sei quantos dias. A cerimônia começou com uns toques de berimbau e em seguida as portas das enormes gaiolas foram abertas. Pude assistir então a uma cena inesquecível, a luta pela liberdade. Com uma rapidez incrível, empurrando-se uns aos outros, saíram os quatro cisnes, quase ao mesmo tempo, enormes asas se abriram e os quatro subiram voando lá pelas alturas, sobrevoando o dique antes de pousarem na água e saírem deslizando de mansinho, um casal atrás do outro, um branco e um preto e, não o que todo mundo logicamente esperava: dois brancos e dois pretos. Sorrindo, Toninha comentou:

— Já pensou se eles estivessem aqui?

— Isso mesmo, iam se divertir — respondi.

Jorge, que sempre foi a favor da miscigenação, pensei, haveria de adorar o espetáculo e faria, certamente, comentários sobre os cisnes mulatinhos que viriam em breve enfeitar o dique.

Parece que a troca de casais não durou muito pois, nesse mesmo dia, quem passou pelo Tororó à tarde pôde vê-los, lindos, os dois casais deslizando pelas águas: o preto Camafeu com Toninha e o branco Jorge com Zélia.

Nada É Possível: Nem Ebó, Nem Preces

Despacho feito a capricho, dias depois de sua visita lá em casa, Muriçoca apareceu. Rosto desfeito, um olhar de tristeza infinita. Nem precisava dizer nada para que eu adivinhasse, entendesse tudo. Nada perguntei.

A eficiência do ebó, que poderia ter sido um dos mistérios existentes entre o céu e a terra, não acontecera. As palavras de Luiz da Muriçoca foram lacônicas e definitivas: "Nada a fazer, nada é possível: nem ebós, nem preces."

Cidade da Luz

A Cidade da Luz, em Pituaçu, complexo social de direito privado, idealizado e fundado por José Medrado em 1996, mantém, entre outros núcleos assistenciais, o Centro Espírita Cavaleiros da Luz.

Convidada por meu amigo Duda Tawil para conhecer o Centro e José Medrado com sua pintura mediúnica, aceitei o convite com satisfação. Tinha ouvido falar sobre esse fenômeno e tinha vontade de vê-lo pintando, conhecê-lo pessoalmente, já que o conhecia pela televisão, onde comandava um programa semanal. Voltei impressionada com o que presenciara.

A primeira coisa que me chamou a atenção, ao entrar no grande salão do Centro, foi o retrato de seu patrono, o médico doutor Bezerra de Menezes. Eu já ouvira falar nele, no Rio, sabia das curas milagrosas que seu espírito realizava, inclusive numa amiga minha,

Misette, descrente como eu e que, depois dessa experiência, deixou de ser radical. Com um simples passe, as dores nos joelhos, que a vinham atormentando, haviam passado.

No salão da Cidade da Luz, repleto de gente, eu iria assistir a algo impressionante: vi José Medrado receber espíritos e pintar quadros, mediunicamente.

Homem de vários títulos, inclusive o de professor da escola de magistratura trabalhista, em Salvador, e que jamais manifestara em sua infância e juventude aptidão para desenhos ou pinturas, ali estava em minha frente, pintando quadros com o maior desembaraço.

Impressionou-me ver José Medrado em transe — assistido por Solange Liberato, dedicada secretária — pintar naquela noite, com os dedos melados de tinta, uma tela atrás da outra, seis ou sete quadros, já nem lembro quantos, de Renoir, Monet, Van Gogh, Toulouse Lautrec e Gauguin, entre outros, levando de cinco a oito minutos para realizar cada obra. O pintor utilizava pincéis apenas para retratos; os quadros de paisagens e flores eram feitos simplesmente com as mãos e os dedos melados na mistura das tintas com a qual ele conseguia o milagre de realizar uma pintura harmoniosa e limpa, sem um borrão sequer.

Postos em exposição para serem vistos pelos presentes, os quadros foram leiloados e vendidos para, com sua renda, ajudar na manutenção do Centro, do orfanato, do ambulatório médico e de outras atividades sociais por ele mantidas na Cidade da Luz.

Durante muito tempo, não tive oportunidade de retornar ao Centro Espírita. Jorge voltara a ser internado com problemas do coração e eu passara a dar prioridade à sua saúde, deixando de lado qualquer outra atividade, qualquer compromisso, não me afastando de seu lado.

Já que a ciência dos homens não estava conseguindo tirá-lo do abatimento em que se encontrava, eu resolvera sair em busca de milagres entre o céu e a terra. Minha última decepção tinha sido o trabalho feito por Luiz da Muriçoca e que nada resultara. Nosso amigo fora honesto e franco ao confessar que *nem ebó nem preces* poderiam dar jeito.

Agora, um telefonema de Medrado vinha despertar em mim novas esperanças. Ele acabara de chegar da Europa e soubera do estado de saúde de Jorge. Queria nos fazer uma visita.

À hora marcada ele chegou. Recebi-o na sala e, ainda de pé, falei-lhe sobre a minha aflição. Naquele dia Jorge nem havia levantado, encontrava-se na cama.

Enquanto falávamos, comecei a sentir um forte cheiro de éter.

— Está sentindo alguma coisa estranha? — perguntou-me Medrado.

— Sim, um cheiro... parece éter... estou até atordoada, disse.

— Foi ele quem chegou. É assim que se anuncia.

Bastante tonta, perguntei:

— Quem foi que chegou?

— O médico que vai examinar seu marido — respondeu.

Ele não mencionou seu nome e eu nada perguntei, mas pensei no doutor Bezerra de Menezes.

Convidei-os a ir até o quarto onde, estirado na cama, Jorge se encontrava de olhos fechados.

— Jorge — disse-lhe —, tem visita pra você...

Ele não respondeu nem abriu os olhos.

— Deixe ele tranqüilo — sussurrou Medrado.

Disse-me que à noite teríamos visitas. Ele próprio não voltaria, mas sim alguns médicos, entre eles o espírito de um japonês que fora, em vida, um grande cientista, especialista em depressão, problema pelo qual Jorge passava. Viriam examiná-lo e operá-lo, se fosse o caso. Para isso seria necessário que eu seguisse suas instruções à risca: vestisse Jorge de branco, pusesse fronhas e lençóis brancos na cama e, eu também de branco, colocaria um copo de água na mesinha-de-cabeceira ao lado dele. Às oito horas, sentasse a seu lado e lá permanecesse calada por duas horas. "Depois ele deve tomar a água do copo", concluiu.

Volto a afirmar que eu nunca me convenci de que Jorge estivesse inconsciente. Ele estava, simplesmente, revoltado contra a injustiça de não poder ler nem escrever. Por isso, durante todo o tempo de sua enfermidade, nunca deixei de lhe falar, contar as coisas que se passavam lá em casa, mesmo sem obter resposta.

Repeti a Jorge, depois da saída de Medrado, as instruções que recebera para logo mais à noite, embora estivesse certa de que ele já as ouvira muito bem. Falei-lhe do interesse e do carinho desse homem que tentava nos ajudar.

Tudo o que me fora recomendado foi feito, e tive a impressão de que Jorge colaborou quando lhe mudei o pijama por um bubu branco, africano, que ele comprara em Dakar e usava em casa em dias de calor.

Tive a certeza de que ele estava realmente consciente, quando, às dez horas, lhe disse: "Agora vamos sentar." Ele não apenas se sentou como, voltando-se para a mesinha-de-cabeceira, apanhou o copo e tomou a água.

O coração cheio de esperanças, fiquei aguardando que aquela nesga de luz se ampliasse para a claridade de um luminoso sol. Mas nada mais aconteceu.

Ao ouvir Medrado, dias depois, senti o mesmo travo amargo da decepção que sentira ao ouvir o veredicto de Luiz da Muriçoca.

Hospital Sarah

Chegávamos de Brasília, onde, no Hospital Sarah Kubitschek, Jorge fora examinado e submetido a tomografias computadorizadas, a testes e a vários outros exames.

Doutor Aloysio Campos da Paz, presidente e fundador da Rede Sarah de hospitais, viera à Bahia e fora à nossa casa por um motivo muito especial: combinar com Jorge a viagem a Brasília, onde ele seria examinado. Ficaria internado, os dias que fossem necessários, no Sarah DF, o mais bem montado hospital da rede, possuindo aparelhos os mais sofisticados. Jorge seria examinado pela doutora Lúcia Willadino Braga, neurocientista de muitos títulos pelo mundo afora. Além do mais, estava sendo aguardada a chegada de um renomado neurologista de Barcelona, doutor Javier, que em sua estada em Brasília participaria da formação de uma escola de neurologia na capital federal — o que foi feito e funciona até hoje. “O neurologista espanhol estudará comigo e Lucinha o caso de Jorge e dará um importante parecer", considerou o doutor Aloysio, acrescentando: "Como médico e amigo de Jorge não abro mão dessa oportunidade."

Nem seria necessário insistir, iríamos de qualquer maneira a Brasília.

Quanto aos males de seu coração, tínhamos tido assistência permanente. Doutor Jadelson Andrade, amigo e grande cardiologista, estava sempre a postos, atendendo-o a tempo e a hora. Agora surgia a oportunidade de tentarmos algo que pudesse aliviar sua cabeça, fazer diminuir sua tristeza, sua angústia.

Passamos uma semana no Sarah de Brasília. Nesses dias de internação, todos os exames possíveis e imagináveis foram feitos. A tomografia da cabeça foi o mais difícil. Ele não ficava imóvel como era necessário. Por duas ou três vezes foi preciso voltar ao início. Lembrei-me então de que uma das coisas que Jorge mais gostava e o tranqüilizava era uma coçadinha nos pés. Pedi então permissão aos médicos, empenhados na difícil empreitada, para entrar na sala de exame e ficar a seu lado. Docemente, fui coçando seus pés e ele foi se aquietando. Após o sucesso do exame, o doutor Campos da Paz disse rindo: "Vou contratar a Zélia para, daqui por diante, coçar os pés dos pacientes irrequietos."

Do resultado desses exames nada se sabia ainda, mas eu confiava na competência dos médicos, estava otimista, certa de que tudo correra bem, contando inclusive com a estima e a confiança de Jorge por esse hospital. Ele fazia parte, havia algum tempo, da direção do Sarah como membro do Conselho de Administração do Serviço Social Autônomo — Associação das Pioneiras Sociais.

Recordo-me da vinda do presidente Mário Soares e do embaixador do Brasil em Portugal, doutor José Aparecido de Oliveira, à Bahia. Após o almoço que lhes oferecemos na casa do Rio Vermelho, Jorge fez questão de levá-los para visitar o Sarah de Salvador, dirigido pela doutora Patrícia Khan, médica competente, exemplo de organização e eficiência, que encantou os ilustres visitantes. Encantou-os ainda mais ver que um hospital de tal porte atendia pacientes de todas as classes sociais e nada, absolutamente nada, lhes era cobrado.

Ao saírem da visita, no portão, vários repórteres e fotógrafos de jornais os esperavam:

— Então, presidente, o que achou do Sarah?

— Bestial! — respondeu Mario Soares, prontamente.

Todos riram e o embaixador José Aparecido explicou:

— Por todas as partes onde Deus andou, o doutor Mário Soares passou antes. Por isso o que ele diz é verdade!

O Cigano Andaluz

Naquela tarde de junho de 1999, uma *ave rara* apareceu lá em casa. Jorge participava de uma conversa com João Jorge e Dôra, sua mulher, quando a campainha tocou.

— Tem um homem todo *lascado* aí na porta, falando uma língua diferente — veio a empregada anunciar.

— A não ser gente conhecida, não estamos para ninguém — avisei. — Hoje é dia de descanso.

A moça foi e retornou:

— Ele está querendo entrar de qualquer jeito...

— Vá ver quem é — disse eu a João.

Meu filho voltou e, atrás dele, um homem alto, magro, barbas ralas e grande bigode, chapéu preto de abas retas e largas, um colete curto, como os dos toureiros espanhóis, a roupa toda *lascada*, como dissera a empregada. De pé na soleira da porta, em tom solene, o homem se apresentou:

— *Soy un gitano andaluz!*

Dito isso, o cigano andaluz foi entrando e, sem cerimônia, sentou-se ao lado de Jorge. Passou, em seguida, a contar, numa língua intercalada de português e espanhol, que caminhara léguas e léguas até chegar à casa de Jorge Amado, para conhecer *a ilustre figura.*

Animado até a chegada do cigano, Jorge agora mostrava sua contrariedade, baixando a cabeça, fechando os olhos.

— *Estavan a tomar café?* Pois que tragam para mim também — ordenou o caradura.

Tomou o café de um só trago. Com a colherinha pôs-se, então, a bater na xícara, dentro e fora dela, produzindo um som agudo, um tlintlim interminável e desagradável.

Vendo que ninguém lhe dizia nada, o cigano foi ficando cada vez mais saliente. Apontou para um gravador e uma máquina fotográfica que estavam em cima de um móvel.

— *Voy contar algo e quiero que mi voz* seja *gravada e que me saquen fotos...*

Surpresos e curiosos ao mesmo tempo, querendo ver até onde iria o atrevimento daquele tipo, ligamos o gravador e umas fotos foram tiradas.

Estava até divertido ver aquele homem horroroso, um mau cheiro de fazer inveja a um gambá, fazendo poses de galã para as fotografias. Extrapolando a nossa paciência, de repente ele estirou o braço e, com a ponta do dedo indicador, comprimiu a testa de Jorge, que recuou a cabeça. Para mim chegava, agüentara até demais:

— Vamos parar com isso? Faça o favor de se retirar! — disse eu com voz firme e forte, pondo-me de pé.

— Parar para quê? Me retirar, por quê? — replicou o atrevido, com ar de desafio, sem mover-se do lugar.

Nem precisei pedir a João que acompanhasse o cigano até a porta da rua, pois ele mesmo tomou a iniciativa de levantar-se, e vendo que não adiantava mais nos afrontar, não teve outro jeito senão obedecer, entregar os pontos. Saindo quase de ré, fuzilando a todos com o olhar e, ao chegar à soleira da porta, parou, fez um gesto de mão espalmada, como quem diz *deixa estar, jacaré, a lagoa há de secar e hei de ver o jacaré dançar*. Com um solene "*Voy mas vuelvo!*", lá se foi ele.

Amigos nossos, entendidos em assuntos de ebós e bruxarias, ao saberem da inusitada visita, foram unânimes em afirmar que o tal cigano era um ente do mal. Deram-nos várias explicações: as pancadas com a colherinha na xícara de café eram muito significativas e o dedo na testa de Jorge poderia ser até fatal.

Uma limpeza com folhas foi feita na casa toda, pelo enviado de um terreiro amigo. Quanto às fotos e à gravação da voz do *gitano*, a recomendação foi drástica: deveriam ser imediatamente destruídas, nem jogá-las fora era recomendado. O jeito era queimar negativos, fotos e a fita do cassete com sua voz. Tudo foi feito e as cinzas, atiradas ao mar.

O cigano andaluz não voltou a bater em nossa porta, mas não desapareceu do bairro. Foi visto pelas imediações, sobretudo no largo de Santana, no Rio Vermelho, pedindo esmola.

Ano 2000

Das festas nacionais ou comemorativas, a que Jorge mais gostava era a da passagem do ano. Não havia Natal, São João, Carnaval, Sete de Setembro ou Dois de Julho entre outras festas que o entusiasmassem tanto quanto a do *Réveillon*.

O *Réveillon* daquele ano de 2000 se aproximava e eu podia sentir melhoras no estado de ânimo de Jorge. O tratamento que fazia, depois da estada no Sarah, surtia efeito. Ele já não vivia de olhos fechados e, às vezes, até respondia a algumas questões.

Jorge melhorava, mas, mesmo assim, não íamos fazer nada em casa nem convidar os amigos de sempre, como era o hábito, para brindar com champanhe, à meia-noite, a passagem do ano. Os meninos tinham compromisso, passariam o *Réveillon* com seus tios e primos e os familiares de Graciliano Ramos, chegados de fora para festejar a virada do ano 2000, aqui em Salvador.

Brindamos a passagem do ano aqui em casa, com champanhe, às sete horas da noite durante o jantar com nossos filhos. Depois, sozinhos, diante da televisão, assistimos ao movimento das festas e ouvimos o foguetório ensurdecedor, bombas e rojões espocando por toda parte.

À meia-noite em ponto, de pé os dois, como jovens namorados, nos abraçamos e nos beijamos com muito amor.

Se essa virada de ano passáramos sós, em compensação, no dia 1º, atendemos a um convite de Marise Ramos para almoçar na casa que ela alugara em Itapuã, onde reunira as famílias Ramos e Amado no *Réveillon*. Jorge estreava um novo ano animado, falante, a tal ponto que chegou a conversar por telefone com nossa amiga Mafalda, viúva de Erico Verissimo, que vivia em Porto Alegre. Encantou-se com o sobrinho Maurício, filho de James, seu irmão. Não o via há vários anos e o reencontrava agora, casado, pai de família. Jorge parecia voltar à sua antiga forma, programando um almoço em nossa casa. "É um almoço para Maurício", declarou, abraçando o sobrinho.

O almoço foi feito, a família toda estava presente, mas, nesse dia, Jorge já não se encontrava tão eufórico. Sentíamos, eu e os meninos, que mais uma fase de depressão se aproximava a passos largos.

Alma Nova

Eu ficara pessimista com os resultados de minhas experiências em busca de milagres.

Agora, mesmo que não me acenassem com uma cura completa e definitiva, eu ficara animada ao ouvir de doutora Lucia Willadino Braga, ao nos despedirmos em Brasília, que Jorge iria melhorar e até, talvez, chegasse a escrever.

Jorge melhorava lentamente, passáramos mais um *Réveillon* tranqüilo, o de 2001, mas ele ainda não manifestara desejo de escrever. "E por que não tentar?", pensei um dia.

Coloquei um bloco de papel ao seu lado, dei-lhe uma caneta.

— Escreva aqui, Jorge — disse-lhe, ao vê-lo bem disposto.

— O quê? — perguntou-me, a voz fraca.

— O que você quiser... Faça, por exemplo, uma dedicatória, escreva uma frase...

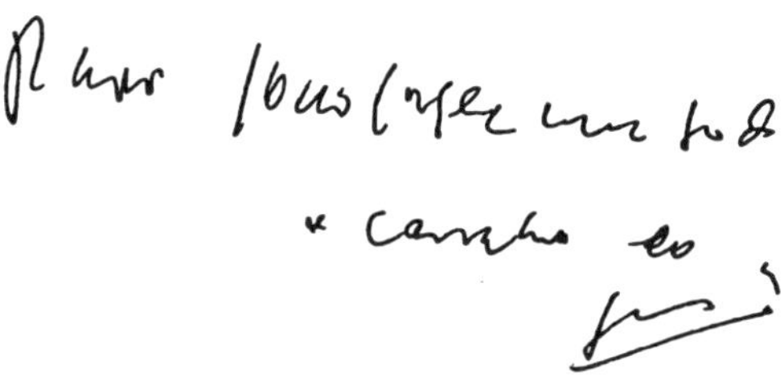

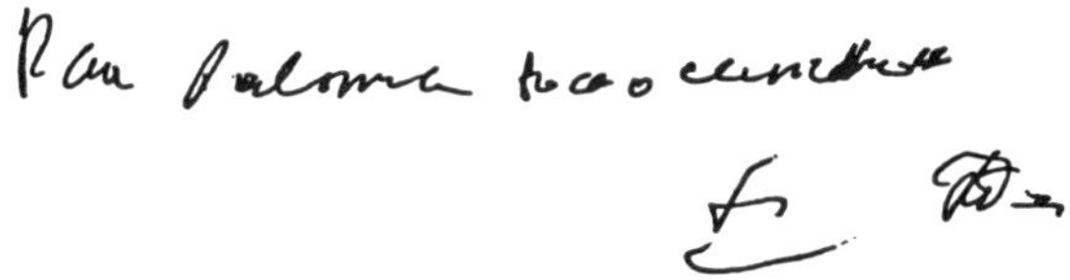

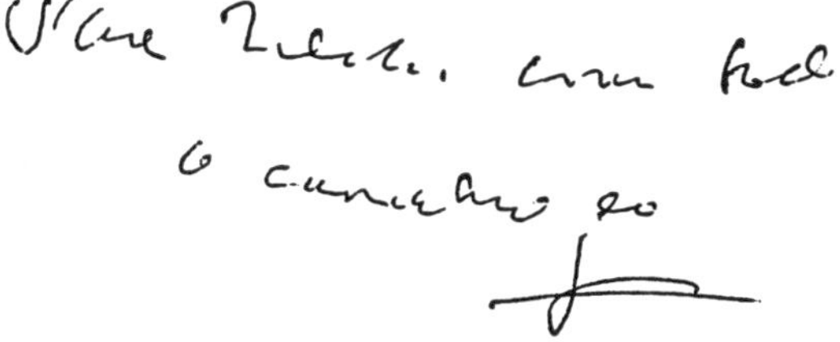

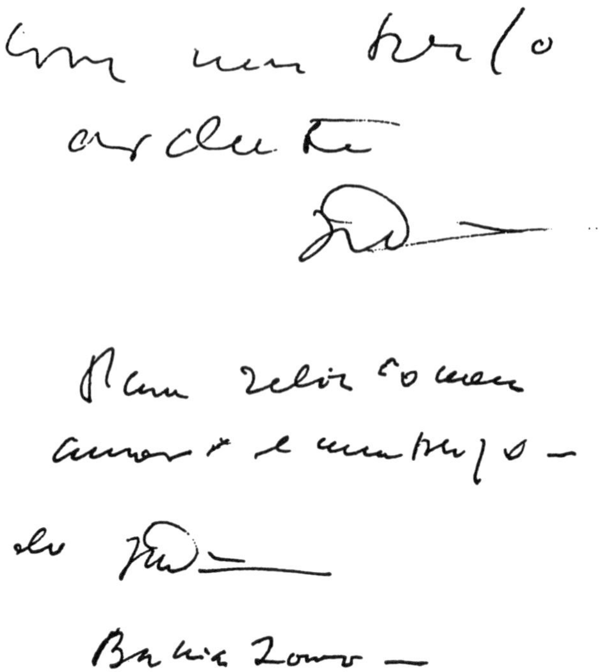

Debruçado sobre o papel ele escreveu rapidamente: "Uma frase, o que você quiser", e assinou.

— Agora, uma dedicatória — insisti.

"Um beijo para minha filha Paloma com todo o carinho do pai", e assinou.

Sem perder os traços e o estilo de sua caligrafia, às vezes quase ilegível, ele parecia ter tomado gosto. Virou a página do bloco, e, sem que nada eu lhe dissesse, voltou a escrever: "Para João Jorge, com todo o carinho do pai", e assinou.

— E, para mim, nada? — pilheriei, fazendo-me de ofendida.

Novamente ele tomou da caneta e, sobre uma folha nova, escreveu: "Para Zélia com meu amor e um beijo do Jorge."

— Acho pouco, quero mais — ria, provocando-o.

Ainda numa folha em branco, ele escreveu: "Com um beijo ardente."

Guardo esses manuscritos e ainda outros, de momentos de tanta emoção quando, num grande esforço, ele tentava recuperar a vida e eu criava alma nova.

Festa de Aniversário

Ao completar oitenta anos, em 1992, a Bahia inteira comemorou. De todas as partes do Brasil chegaram amigos para abraçá-lo, e até Dorival Caymmi que, havia muito, não cantava em público, chegou com seus filhos para participar do show em homenagem ao amigo, no palco instalado no Pelourinho em frente à igreja Rosário dos Pretos. Cantaram também para Jorge: Maria Bethânia, Gal Costa, Margareth

Menezes, Gilberto Gil, Gerônimo, Daniela Mercury e muitos outros artistas.

Das janelas de um casarão na ladeira, em frente ao palco, podíamos ver o Pelourinho repleto de gente e os artistas cantando. No alto da praça, o belo casarão azul da Fundação Casa de Jorge Amado todo iluminado e com faixas comemorativas.

Nesse dia, recebêramos para almoçar em nossa casa perto de cem pessoas, amigos chegados da França e da Itália, amigos do Rio, de São Paulo, de Recife, de Goiás, de Minas, de Porto Alegre, do Maranhão e do Piauí. Nem todas essas pessoas conseguiram chegar nessa noite ao Pelourinho para assistir ao show, fora impossível atravessar a enorme massa de gente que se comprimia nas ruas e avenidas, desde logo cedo.

Em 2001, Jorge completaria 89 anos. Faltavam ainda alguns meses para chegarmos a agosto, já havia dois anos que não se pensava em comemorações de aniversário. Em princípio, quando muito, faríamos um jantar familiar com os filhos e seus irmãos Joelson e James.

Voltáramos a passear pela manhã, mas já não íamos mais ao parque da Cidade nem ao dique do Tororó. Ficávamos caminhando por nosso jardim e, quando ele cansava, nos sentávamos num dos banquinhos: o de baixo da mangueira, o de baixo do pé de jambo do Pará, cujas flores solferino, ao cair, forram o chão, cobrindo-o como se fosse um tapete colorido, ou o de baixo do frondoso e velho sapotizeiro. Aí eu cantava para ele coisas de que ele gostava e coisas que eu inventava na hora, bobagens que o faziam sorrir. Raramente andávamos à noite. Eu tinha horror aos morcegos que vinham, não sei de onde, para se banquetear com os doces e deliciosos sapotis, sua fruta preferida, dos nossos sapotizeiros, as árvores mais antigas do parque, que viviam carregadas, embora atendessem com generosidade à gula desses repugnantes ratos com asas de seda negra.

Numa noite de muito calor, Jorge manifestou desejo de sair. Apanhou o boné e meteu-o na cabeça. Essa era sua maneira simples de manifestar a intenção de um passeio. Acendi todas as lâmpadas do jardim e saímos andando lentamente. Ao passarmos pela mangueira, a de manga carlotinha, a sua preferida, sentimos um perfume forte de jasmim. Admirei-me, jamais vira nem supunha que houvesse um jasmineiro por ali. Sentamos no banquinho ao lado do sapo de pedra com um filhote nas costas, surrupiado num dia de chuva, da casa de Carybé. As histórias desse sapo, que são muitas, creio já havê-las contado em outras ocasiões e, por isso, pelo sim, pelo não, fico por aqui.

No dia seguinte, logo cedo, voltei ao jardim, queria tirar a limpo o mistério do perfume de jasmim sem jasmineiro nem flor. Em frente ao banquinho onde se encontrava o sapo, não havia perfume algum. Procurei entre os arbustos, e encontrei uma planta com pequenas flores miúdas, verdes, nada parecidas com jasmim. Cheirei uma flor e me pareceu que ela guardava o mistério: tinha um vago perfume. Voltei à noite e nem precisei chegar perto das florezinhas verdes; à distância, senti o maravilhoso perfume que, ao me aproximar, se intensificou — somente à noite era exalado: um jasmineiro selvagem, com certeza.

Adeus, Meu Querido

Faltavam apenas quatro dias para o aniversário de Jorge: ele completaria 89 anos.

Paloma, que passara o dia todo ao nosso lado, tinha um compromisso, precisou sair. Antes de chegar à garagem, no fundo do jardim, ela escorregou, levou uma forte queda e voltou para casa. Em seguida à saída de Paloma, percebi de repente que, com a mão sobre o peito, Jorge gemia baixinho.

Nem precisei chamar por minha filha, ela voltava depois da queda, eu já não estava só na minha aflição. Telefonamos, em seguida, para Jadelson, que ordenou que o levássemos imediatamente para o hospital.

Os males do coração, que havia algum tempo não davam sinal de vida, voltavam novamente a se manifestar, desta vez dando sinal de morte.

Nesse mesmo 6 de agosto, Jorge nos deixou.

Leio parte de uma frase, a última de *Navegação de cabotagem*:

> *Não vou repousar em paz, não me despeço, digo até logo, minha gente, ainda não chegou a hora de jazer sob as flores e o discurso.*

Sentada no banquinho, sob a frondosa mangueira onde estão as suas cinzas, ao lado do sapo com o filhinho nas costas, invento uma cantiguinha que me traz de volta o sorriso de Jorge:

> *Cadê o seu Jorge?*
> *Está no seu jardim*
> *Ao lado de Zélia*
> *E de um pé de jasmim.*

Salvador, 28 de março de 2005.

Este livro foi composto na tipologia Goudy Old Style BT, em corpo 13/18, e impresso em papel off-set 90g/m², no Sistema Cameron da Divisão Gráfica da Distribuidora Record.